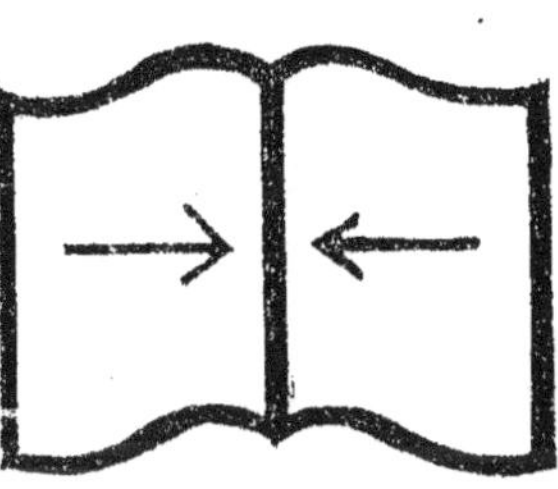

RELIURE SERREE
Absence de marges
intérieures

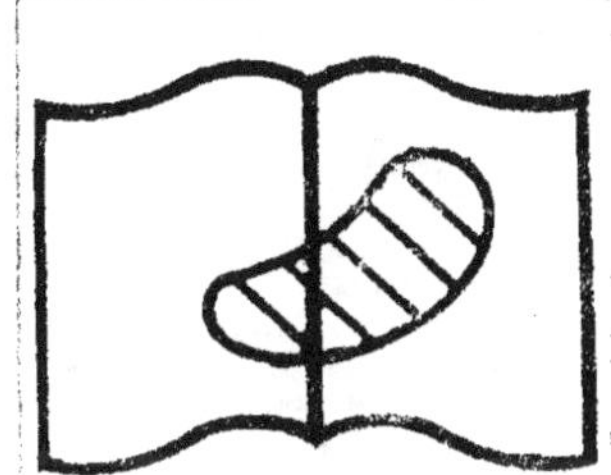

Illisibilité partielle

Début d'une série de documents
en couleur

VALABLE POUR TOUT OU PARTIE
DU DOCUMENT REPRODUIT

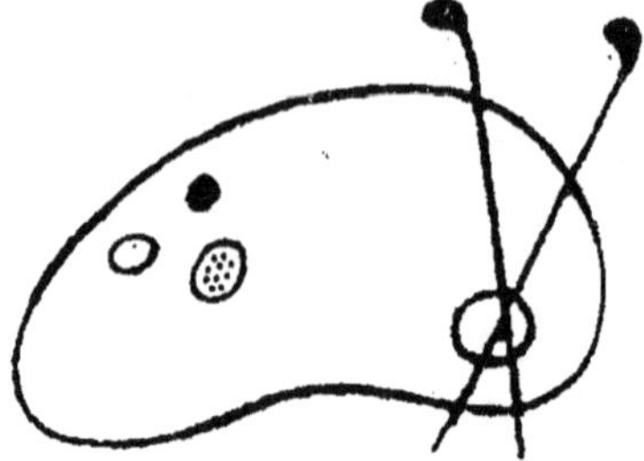

Fin d'une série de documents
en couleur

CÉSAR BIROTTEAU.

I.

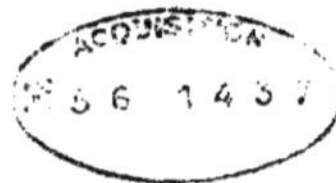

ASSOCIATION

DE LA LIBRAIRIE ET DE LA PRESSE QUOTIDIENNE.

AVIS.

En prenant un abonnement :

De trois mois (20 francs) au Figaro,

ou

de six mois (38 francs) à l'Estafette,

On reçoit gratuitement,

A TITRE DE PRIME,

César Birotteau, 2 volumes in-8°.

IMPRIMÉ PAR LES PRESSES MÉCANIQUES DE BOULÉ ET Cie,
RUE COQ-HÉRON, 3.

HISTOIRE

DE LA GRANDEUR ET DE LA DÉCADENCE

DE

CÉSAR BIROTTEAU,

PARFUMEUR,

CHEVALIER DE LA LÉGION-D'HONNEUR, ADJOINT AU MAIRE DU 2e ARRONDISSEMENT DE LA VILLE DE PARIS;

NOUVELLE SCÈNE

DE LA VIE PARISIENNE

PAR

M. DE BALZAC.

TOME PREMIER.

PARIS.

CHEZ L'ÉDITEUR, 5, RUE COQ-HÉRON.

1838.

PRÉFACE.

Ce livre est le premier côté d'une médaille qui roulera dans toutes les sociétés, le revers est LA MAISON NUCINGEN. Ces deux histoires sont nées jumelles. Qui lit *César Birotteau*, devra donc lire *la Maison Nucingen*, s'il veut connaître l'ouvrage entier. Toute œuvre comique est nécessairement bilatérale. L'écrivain, ce grand rapporteur de procès, doit mettre les adversaires face à face. Alceste, quoique lumineux par lui-même, reçoit son vrai jour de Philinte :

Si tanta licet componere parvis.

PREMIÈRE PARTIE.

CÉSAR A SON APOGÉE.

CHAPITRE I.

UNE ALTERCATION DE MÉNAGE.

Durant les nuits d'hiver, le bruit ne cesse dans la rue Saint-Honoré que pendant un instant, car les maraîchers y continuent, en allant à la halle, le mouvement des retours du spectacle ou du bal. Au milieu de ce point d'orgue qui, dans la grande symphonie du tapage parisien, se rencontre vers une heure du matin, la femme de M. César Birotteau, marchand parfumeur établi près de la place Vendôme, fut réveillée en sursaut par un épouvantable rêve. Elle s'était vue double, elle s'était apparu à elle-même en haillons, tournant d'une main sèche et ridée le bec de canne de sa propre boutique, où elle se trouvait à la fois et sur le seuil de la porte et sur son fauteuil dans le comptoir; elle se demandait l'aumône, elle s'entendait parler à la porte et au comptoir. Elle voulut saisir son mari et posa la main sur une place froide; sa peur devint alors tellement intense qu'elle ne put remuer son cou qui se pétrifia: les parois de son gosier se collèrent, la voix lui manqua; elle resta clouée sur son séant, les yeux agrandis et fixes, les cheveux douloureusement affectés, les oreilles pleines de sons étranges, le cœur contracté mais palpitant, enfin tout à la fois en sueur et glacée au milieu d'une alcove dont les deux battans étaient ouverts.

La peur est un sentiment morbifique à demi, qui presse si violemment la machine humaine que les facultés y sont soudainement portées soit au plus haut degré de leur puissance, soit au dernier de la désorganisation. La physiologie a été pendant longtemps surprise de ce phénomène qui renverse ses systèmes et bouleverse ses conjectures, quoiqu'il soit tout simplement un foudroiement opéré à l'intérieur, mais, comme tous les accidens électriques, bizarre et capricieux dans ses modes : explication qui deviendra vulgaire le jour où les savans auront reconnu le rôle immense que joue l'électricité dans la pensée humaine.

Madame Birotteau subit alors quelques unes des souffrances en quelque sorte lumineuses que procurent ces terribles décharges de la volonté répandue ou concentrée par un mécanisme inconnu. Ainsi pendant un laps de temps, fort court en l'appréciant à la mesure de nos chronomètres, mais incommensurable au compte de ses rapides impressions, cette pauvre femme eut le monstrueux pouvoir d'émettre plus d'idées, de faire surgir plus de souvenirs que, dans l'état ordinaire de ses facultés, elle n'en aurait conçu pendant tout une journée. La poignante histoire de ce monologue peut se résumer en quelques mots absurdes, contradictoires et dénués de sens comme il le fut.

— Il n'existe aucune raison qui puisse faire sortir Birotteau de mon lit ! Il a mangé tant de veau que peut-être est-il indisposé; mais s'il était malade, il m'aurait éveillée. Depuis dix-neuf ans que nous couchons ensemble dans ce lit, dans cette même maison, jamais il ne lui est arrivé de quitter sa place sans me le dire, pauvre mouton ! Il n'a découché que pour passer la nuit au corps-de-garde. S'est-il couché ce soir avec moi ? Mais oui. Mon Dieu, suis-je bête !

Elle jeta les yeux sur le lit, et vit le bonnet de nuit de son mari qui conservait la forme presque conique de la tête.

— Il est donc mort ! Se serait-il tué ? Pourquoi ? reprit-elle. Depuis deux ans qu'ils l'ont nommé adjoint au maire, il est *tout je ne sais comment*. Le mettre dans les fonctions publiques, n'est-ce pas, foi d'honnête femme, à faire pitié ? Ses affaires vont bien, il m'a donné un châle. Elles vont mal peut-être ! Bah ! je le saurais. Sait-on jamais ce qu'un homme a dans son sac ? ni une femme non plus, ça n'est pas un mal. Mais n'avons-nous pas vendu pour cinq mille francs aujourd'hui ? D'ailleurs un adjoint ne peut pas se faire mourir soi-même, il connaît trop bien les lois. Où donc est-il ?

Elle ne pouvait ni tourner le cou, ni avancer la main pour tirer un cordon de sonnette qui aurait mis en mouvement une cuisinière, trois commis et un garçon de magasin ; en proie au cauchemar qui continuait dans son état de veille, elle oubliait sa fille paisiblement endormie dans une chambre contiguë à la sienne, et dont la porte donnait au pied de son lit. Enfin elle cria : — Birotteau ! et ne reçut aucune réponse. Elle croyait avoir crié le nom, et ne l'avait prononcé que mentalement.

— Aurait-il une maîtresse? Il est trop bête, reprit-elle. D'ailleurs, il m'aime trop pour cela. N'a-t-i pas dit à madame Roguin qu'il ne m'avait jamais fait d'infidélité, même en pensée. C'est la probité venue sur terre, cet homme-là. Si quelqu'un mérite le paradis, n'est-ce pas lui ? De quoi peut-il s'accuser à son confesseur ? il lui dit des *nunu*.

Pour un royaliste qu'il est, sans savoir pourquoi, par exemple, il ne fait guère bien mousser sa religion. Pauvre chat, il va dès huit heures en cachette à la messe, comme s'il allait dans une maison de plaisir. Il craint Dieu, pour Dieu même : l'enfer ne le concerne guère. Comment aurait-il une maîtresse ? il quitte si peu ma jupe qu'il m'en ennuie. Il m'aime mieux que ses yeux, il s'aveuglerait pour moi. Pendant dix-neuf ans, il n'a jamais proféré de parole plus haute que l'autre, parlant à ma personne. Sa fille ne passe qu'après moi. Mais Césarine est là, Césarine! Césarine! Il n'a jamais eu de pensée qu'il ne me l'ait dite. Il avait bien raison, quand il venait au PETIT MATELOT, de prétendre que je ne le connaîtrais qu'à l'user. Et plus là voilà de l'extraordinaire.

Elle tourna péniblement la tête et regarda furtivement à travers sa chambre, alors pleine de ces pittoresques effets de nuit qui font le désespoir du langage, et semblent appartenir exclusivement au pinceau des peintres de genre. Par quels mots rendre les effroyables zigzags que produisent les ombres portées, les apparences fantastiques des rideaux bombés par le vent, les jeux de la lumière incertaine que projette la veilleuse dans les plis du calicot rouge, les flammes que vomit une patère dont le centre rutilant ressemble à l'œil d'un voleur, l'apparition d'une robe agenouillée, enfin toutes les bizarreries qui effraient l'imagination au moment où elle n'a de puissance que pour percevoir des douleurs et pour les agrandir. Madame Birotteau crut voir une forte lumière dans la pièce qui précédait sa chambre et pensa tout à coup au feu ; mais en apercevant un foulard rouge qui lui parut être une mare de sang répandu, les voleurs l'occupèrent exclusivement, surtout quand elle voulut trouver les traces d'une lutte dans la manière dont les meubles étaient placés. Au souvenir de la somme qui était en caisse, une crainte généreuse éteignit les froides ardeurs du cauchemar ; elle s'élança tout effarée, en chemise, au milieu de sa chambre, pour secourir son mari qu'elle supposait aux prises avec des assassins.

— Birotteau ! Birotteau ! cria-t-elle enfin d'une voix pleine d'angoisses.

Elle trouva le marchand parfumeur au milieu de la pièce voisine, une aune à la main et mesurant l'air, mais si mal enveloppé dans sa robe de chambre d'indienne verte, à pois couleur chocolat, que le froid lui rougissait les jambes sans qu'il le sentît, tant il était préoccupé. Quand César se retourna pour dire à sa femme : Eh bien, que veux-tu, Constance? son air, comme celui des hommes distraits par des calculs, fut si exorbitamment niais, que madame Birotteau se mit à rire.

— Mon Dieu, César, es-tu original comme ça ! dit-elle. Pourquoi me laisses-tu seule sans me prévenir? J'ai manqué mourir de peur. Je ne savais quoi m'imaginer. Que fais-tu donc là, ouvert à tous vents? Tu vas t'enrhumer comme un loup. M'entends-tu, Birotteau?

— Oui, ma femme, me voilà, répondit le parfumeur en rentrant dans la chambre.

— Allons, arrive donc te chauffer, et dis-moi

quelle lubie tu as, reprit madame Birotteau en écartant les cendres du feu qu'elle s'empressa de rallumer. Je suis gelée. Étais-je bête de me lever en chemise! mais j'ai vraiment cru qu'on t'assassinait.

Le marchand posa son bougeoir sur la cheminée, s'enveloppa dans sa robe de chambre, et alla chercher machinalement à sa femme un jupon de flanelle.

— Tiens, mimi, couvre-toi donc, dit-il. Vingt-deux sur dix-huit, reprit-il en continuant son monologue, nous pouvons avoir un superbe salon!

— Ah ça, Birotteau, te voilà donc en train de devenir fou? rêves-tu?

— Non, ma femme, je calcule.

— Pour faire tes bêtises, tu devrais bien au moins attendre le jour, s'écria-t-elle en rattachant son jupon sous sa camisole pour aller ouvrir la porte de la chambre où couchait sa fille.

— Césarine dort, dit-elle, elle ne nous entendra point. Voyons, Birotteau, parle donc. Qu'as-tu?

— Nous pouvons donner un bal.

— Donner un bal ! nous ? Foi d'honnête femme, tu rêves, mon cher ami.

— Je ne rêve point, ma belle biche blanche. Écoute, il faut toujours faire ce qu'on doit relativement à la position où l'on se trouve. Le gouvernement m'a mis en évidence ; j'appartiens au gouvernement : nous sommes obligés d'en d'étudier l'esprit et d'en favoriser les intentions en les développant. Le duc de Richelieu vient de faire cesser l'occupation de la France. Selon M. de La Billardière, les fonctionnaires qui représentent la ville de Paris doivent se faire un devoir, chacun dans la sphère de ses influences, de célébrer la libération du territoire. Témoignons un vrai patriotisme qui fera rougir celui des soi-disant libéraux, ces damnés intrigans, hein ! hein ! Est-ce que tu crois que je n'aime pas mon pays ? Je veux montrer aux libéraux, à mes ennemis, qu'aimer le roi, c'est aimer la France !

— Tu crois donc avoir des ennemis, mon pauvre Birotteau !

— Mais oui, ma femme, nous avons des ennemis! Et la moitié de nos amis dans le quartier sont nos ennemis. Ils disent tous : Birotteau a la chance, Birotteau est un homme de rien, le voilà cependant adjoint! tout lui réussit. Eh bien! ils vont être encore joliment attrapés. Apprends la première que je suis chevalier de la Légion-d'Honneur, le roi a signé hier l'ordonnance.

— Oh! alors, dit madame Birotteau tout émue, faut donner le bal, mon bon ami. Mais qu'as-tu donc tant fait pour avoir la croix ?

— Quand hier M. de La Billardière m'a dit cette nouvelle, reprit Birotteau embarrassé, je me suis aussi demandé, comme toi, quels étaient mes titres; mais en revenant, j'ai fini par les reconnaître et approuver le gouvernement. D'abord je suis royaliste, j'ai été blessé à Saint-Roch en vendémiaire, n'est-ce pas quelque chose que d'avoir porté les armes dans ce temps-là pour la bonne cause? Selon quelques négocians, je me suis acquitté de mes fonctions consulaires à la satisfaction générale. Enfin je suis adjoint, le roi accorde quatre croix au corps municipal de la ville de Paris. Examen fait des personnes qui, parmi les adjoints, pouvaient être décorées, le préfet m'a porté le premier sur la liste. Le roi doit d'ailleurs me connaître ; grace au vieux Ragon, je lui fournis la seule poudre dont il veuille faire usage, car nous possédons seuls la recette de la poudre de la feue reine, pauvre chère auguste victime! Le maire m'a violemment appuyé. Que veux-tu? Si le roi me donne la croix sans que je la lui demande, il me semble que je ne peux pas la refuser sans lui manquer à tous égards. Ai-je voulu être adjoint? Aussi, ma femme, puisque nous avons le vent en pompe, comme dit ton oncle Pillerault quand il est dans ses gaîtés, suis-je décidé à mettre chez nous tout d'accord avec notre haute fortune. Si je puis être quelque chose, je me risquerai à devenir ce que le bon Dieu voudra que je sois, sous-préfet, si tel est mon destin. Ma femme, tu commets une grave erreur en croyant qu'un citoyen a payé sa dette à son pays après avoir débité pendant vingt ans des parfumeries à ceux qui venaient nous en chercher. Si l'État réclame le concours de nos lumières, nous les lui devons, comme nous lui devons l'impôt mobilier, les portes et fenêtres, *et cætera*. As-tu donc envie de toujours rester dans ton comptoir? Il y a, Dieu merci, bien assez long-temps que tu y séjournes. Le bal sera notre fête à nous. Adieu le détail, pour toi s'entend! Je brûle notre enseigne de LA REINE DES ROSES, j'efface sur notre tableau CÉSAR BIROTTEAU, MARCHAND PARFUMEUR, SUCCESSEUR DE RAGON, et mets tout bonnement *Parfumeries* en grosses lettres d'or. Je place à l'entresol le bureau, la caisse et un joli cabinet pour toi. Je fais mon magasin de l'arrière-boutique, de la salle à manger et de la cuisine actuelles. Je loue le premier étage de la maison voisine, où j'ouvre une porte dans le mur. Je retourne l'escalier afin d'aller de plain-pied d'une maison à l'autre. Nous aurons alors un grand appartement meublé *aux oiseaux!* Oui, je renouvelle ta chambre, je te ménage un boudoir et donne une jolie chambre à Césarine. La demoiselle de comptoir que tu prendras, notre premier commis et ta femme de chambre (oui, madame, vous en aurez une!) logeront au second. Au troisième, il y aura la cuisine, la cuisinière et le garçon de peine. Le quatrième sera notre magasin général de bouteilles, cristaux et porcelaines. L'atelier de nos ouvrières dans le grenier! Les passans ne verront plus coller les étiquettes, faire des sacs, trier des flacons, boucher les fioles. Bon pour la rue Saint-Denis, mais rue Saint-Honoré... fi donc! mauvais genre. Notre magasin doit être cossu comme un salon. Dis donc, sommes-nous les seuls parfumeurs qui soient dans les honneurs? N'y a-t-il pas des vinaigriers, des marchands de moutarde qui commandent la garde nationale et qui sont très bien vus au château? Imitons-les! étendons notre commerce, et en même temps poussons-nous dans les hautes sociétés.

— Tiens, Birotteau, sais-tu ce que je pense en t'écoutant? Eh bien! tu me fais l'effet d'un homme qui cherche midi à quatorze heures. Souviens-toi de ce que je t'ai conseillé quand il a été question de te nommer maire : ta tranquillité avant tout! « Tu es fait, t'ai-je dit, pour être en évidence, comme mon bras pour faire une aile de moulin. Les grandeurs seraient ta perte. » Tu ne m'as pas écoutée, la voilà venue notre perte. Pour jouer un rôle politique, il faut de l'argent, en avons-nous? Comment, tu veux brûler ton enseigne qui a coûté six cents francs, et renoncer à la Reine des Roses, à ta vraie gloire? Laisse donc les autres être des ambitieux. Qui met la main à un bûcher en retire de la flamme, est-ce vrai? La politique brûle aujourd'hui. Nous avons cent bons mille francs, écus, placés en dehors de notre commerce, de notre fabrique et de nos marchandises? Si tu veux augmenter ta fortune, agis aujourd'hui comme en 1793. Les rentes sont à soixante-douze francs, achète des rentes! Tu auras dix mille livres de revenu, sans que ce placement nuise à nos affaires. Profite de ce revirement pour marier notre fille, vends notre fonds et allons dans ton pays. Comment, pendant quinze ans, tu n'as parlé que d'acheter *les Trésorières*, ce joli petit bien près de Chinon, où il y a des eaux, des prés, des bois, des vignes, deux métairies, qui rapporte mille écus, dont l'habitation nous plaît à tous deux, que nous pouvons avoir encore pour soixante mille francs, et Monsieur veut aujourd'hui devenir quelque chose dans le gouvernement! Souviens-toi donc de ce que nous sommes, des parfumeurs. Il y a seize ans, avant que tu n'eusses inventé LA DOUBLE PATE DES SULTANES et L'EAU CARMINATIVE, si l'on était venu te dire : « Vous allez avoir l'argent nécessaire pour acheter les Trésorières! » ne te serais-tu pas trouvé mal de joie? Eh bien! tu peux acquérir cette propriété dont tu avais tant envie, que tu n'ouvrais la bouche que de ça! maintenant tu parles de dépenser en bêtises un argent gagné à la sueur de notre front, je peux dire le nôtre, j'ai toujours été assise dans ce comptoir par tous les temps comme un pauvre chien dans sa niche. Ne vaut-il pas mieux avoir un pied-à-terre chez ta fille, devenue la femme d'un notaire de Paris, et vivre huit mois de l'année à Chinon, que de commencer ici à faire de cinq sous six blancs, et de six blancs rien. Attends la hausse des fonds publics, tu donneras huit mille livres de rente à ta fille, nous en garderons deux mille pour nous, le produit de notre fonds nous permettra d'avoir les Trésorières. Là, dans ton pays, mon bon petit chat! en emportant notre mobilier qui vaut gros, nous serons comme des princes, tandis qu'ici, faut au moins un million pour faire figure.

— Voilà où je t'attendais, ma femme, dit César Birotteau. Je ne suis pas assez bête encore (quoique tu me croies bien bête, toi!) pour ne pas avoir pensé à tout. Ecoute-moi bien. Alexandre Crottat nous va comme un gant pour gendre, et il aura l'étude de Roguin, mais crois-tu qu'il se contente de cent mille francs de dot (une supposition que nous donnions tout notre avoir liquide pour établir notre fille, et c'est mon avis! J'aimerais mieux n'avoir que du pain sec pour le reste de mes jours, et la voir heureuse comme une reine, enfin la femme d'un notaire de Paris, comme tu dis). Eh bien! cent mille francs ou même huit mille livres de rente ne sont rien pour acheter l'étude à Roguin. Ce petit Xandrot, comme nous l'appelons, nous croit, ainsi que tout le monde, bien plus riches que nous ne le sommes. Si son père, ce gros fermier qui est avare comme un colimaçon, ne vend pas pour cent mille francs de terres, Xandrot ne sera pas notaire, car l'étude à Roguin vaut quatre ou cinq cent mille francs. Si Crottat n'en donne pas moitié comptant, comment se tirerait-il d'affaire? Césarine doit avoir deux cent mille francs de dot, je veux nous retirer bons bourgeois de Paris avec quinze mille livres de rentes. Hein! Si je te faisais voir ça clair comme le jour, n'aurais-tu pas la margoulette fermée?

— Ah, si tu as le Pérou!

— Oui, j'ai, ma biche. Oui, dit-il en prenant sa femme par la taille et la frappant à petits coups, ému par une joie qui anima tous ses traits. Je n'ai point voulu te parler de cette affaire, avant qu'elle ne fût cuite; mais, ma foi, demain je la terminerai peut-être. Voici: Roguin m'a proposé une spéculation si sûre, qu'il s'y met avec Ragon, avec ton oncle Pillerault et deux autres de ses cliens. Nous allons acheter aux environs de là Magdeleine des terrains que, suivant les calculs de Roguin, nous aurons pour le quart de la valeur à laquelle ils doivent arriver d'ici à trois ans, époque à laquelle, les baux étant expirés, nous deviendrons maîtres d'exploiter. Nous sommes tous six par portions convenues. Moi je fournis trois cent mille francs, afin d'y être pour trois huitièmes. Si quelqu'un de nous a besoin d'argent', Roguin lui en trouvera sur sa part en l'hypothéquant. Pour tenir la queue de la poële et savoir comment frira le poisson, j'ai voulu être propriétaire en nom pour la moitié qui sera commune entre Pillerault, le bonhomme Ragon et moi. Roguin sera sous le nom d'un monsieur Charles Claparon, mon co-propriétaire, qui donnera, comme moi, une contre-lettre à ses associés. Les actes d'acquisition se font par promesses de vente sous seing-privé jusqu'à ce que nous soyons maîtres de tous les terrains. Roguin examinera quels sont les contrats qui devront être réalisés, car il n'est pas sûr que nous puissions nous dispenser de l'enregistrement et en rejeter les droits sur ceux à qui nous vendrons en détail, ce serait trop long à t'expliquer. Les terrains payés, nous n'aurons qu'à nous croiser les bras, et dans trois ans d'ici nous serons riches d'un million. Césarine aura vingt ans, notre fonds sera vendu, nous irons alors à la grace de Dieu modestement vers les grandeurs.

—Eh! bien où prendras-tu donc tes trois cent mille francs? dit madame Birotteau.

—Tu n'entends rien aux affaires, ma chatte aimée. Je donnerai les cent mille francs qui sont chez Roguin, j'emprunterai quarante mille francs sur les bâtimens et les jardins où sont nos fabriques dans le faubourg du Temple, nous avons vingt mille francs en portefeuille; en tout, cent soixante mille francs. Reste cent quarante mille autres, pour lesquels je souscrirai des effets à l'ordre de M. Charles Claparon, banquier; il en donnera la valeur, moins l'escompte. Voilà nos cent mille écus payés, *qui a terme ne doit rien*. Quand les effets arriveront à échéance, nous les acquitterons avec nos gains. Si nous ne pouvions plus les solder, Roguin me remettrait des fonds à cinq pour cent, hypothéqués sur ma part de terrain. Mais les emprunts seront inutiles ; j'ai découvert une essence pour faire pousser les cheveux, une *Huile Comagène!* Livingston m'a posé là bas une presse hydraulique pour fabriquer mon huile avec des noisettes qui, sous cette forte pression, rendront aussitôt toute leur huile. Dans un an, suivant mes probabilités, j'aurai gagné cent mille francs, au moins. Je médite une affiche qui commencera par : *à bas les perruques!* dont l'effet sera prodigieux. Tu ne t'aperçois pas de mes insomnies, toi! Voilà trois mois que le succès de l'HUILE DE MACASSAR m'empêche de dormir. Je veux couler *Macassar!*

—Voilà donc les beaux projets que tu roules dans ta caboche depuis deux mois, sans vouloir m'en rien dire. Je viens de me voir en mendiante, à ma propre porte! Quel avis du ciel! Dans quelque temps, il ne nous restera que les yeux pour pleurer. Jamais tu ne feras ça, moi vivante, entends-tu, César! Il se trouve là-dessous quelques manigances que tu n'aperçois pas; tu es trop probe et trop loyal pour soupçonner des friponneries chez les autres! Pourquoi vient-on t'offrir des millions? Tu te dépouilles de toutes tes valeurs, tu t'avances au-delà de tes moyens, et si ton *huile* ne prend pas, si l'on ne trouve pas d'argent, si la valeur des terrains ne se réalise pas, avec quoi paieras-tu tes billets? est-ce avec les coques de tes noisettes? Pour te placer plus haut dans la société, tu ne veux plus être en nom, tu veux ôter l'enseigne de la Reine des Roses, et tu vas faire encore tes salamalecs d'affiches et de prospectus qui montreront César Birotteau au coin de toutes les bornes et au dessus de toutes les planches, aux endroits où l'on bâtit.

— Oh! tu n'y es pas. J'aurai une succursale sous le nom de Popinot, dans quelque maison autour de la rue des Lombards, où je mettrai le petit Anselme. J'acquitterai ainsi la dette de la reconnaissance envers monsieur et madame Ragon, en établissant leur neveu, qui pourra faire fortune.

Ces pauvres Ragonnins m'ont l'air d'avoir été bien grêlés depuis quelque temps.

— Tiens, ces gens-là veulent ton argent.

— Mais quelles gens donc, ma belle? Est-ce ton oncle Pillerault qui nous aime comme ses petits boyaux et dîne avec nous tous les dimanches? Est-ce ce bon vieux Ragon, notre prédécesseur, qui voit quarante ans de probité devant lui, avec qui nous faisons notre boston? Enfin serait-ce Roguin, un notaire de Paris, un homme de cinquante-sept ans, qui a vingt-cinq ans de notariat? Un notaire de Paris, ce serait la fleur des pois, si les honnêtes gens ne valaient pas tous le même prix. Au besoin, mes associés m'aideraient! Où donc est le complot, ma biche blanche? Tiens, il faut que je te dise ton fait! Foi d'honnête homme, je l'ai sur le cœur.

Tu as toujours été défiante comme une chatte! Aussitôt que nous avons eu pour deux sous à nous dans la boutique, tu croyais que les chalands étaient des voleurs.

Il faut se mettre à tes genoux afin de te supplier

de te laisser enrichir! Pour une fille de Paris, tu n'as guère d'ambition! Sans tes craintes perpétuelles, il n'y aurait pas eu d'homme plus heureux que moi!

Si je t'avais écoutée, je n'aurais jamais fait ni la *Pâte des Sultanes*, ni *l'Eau carminative*. Notre boutique nous a fait vivre, mais ces deux découvertes et nos savons nous ont donné les cent soixante mille francs que nous possédons clair et net!

Sans mon génie, car j'ai du talent comme parfumeur, nous serions de petits détaillans, nous tirerions le diable par la queue pour *joindre les deux bouts*, et je ne serais pas un des notables négocians qui concourent à l'élection des juges au tribunal du commerce, je n'aurais été ni juge ni adjoint. Sais-tu ce que je serais? un boutiquier comme a été le père Ragon, soit dit sans l'offenser, car je respecte les boutiques, le plus beau de notre nez en est fait!

Après avoir vendu de la parfumerie pendant quarante ans, nous posséderions, comme lui, trois mille livres de rentes ; au prix où sont les choses dont la valeur a doublé, nous aurions, comme eux, à peine de quoi vivre. (De jour en jour, ce vieux ménage-là me serre le cœur davantage. Il faudra que j'y voie clair, et je saurai le fin mot par Popinot, demain!)

Si j'avais suivi tes conseils, toi qui as le bonheur inquiet et qui te demandes si tu auras demain ce que tu tiens aujourd'hui, je n'aurais pas de crédit, je n'aurais pas la croix de la Légion-d'Honneur, et je ne serais pas en passe d'être un homme politique. Oui, tu as beau branler la tête, si notre affaire se réalise, je puis devenir député de Paris. Ah! je ne me nomme pas César pour rien, tout m'a réussi.

C'est inimaginable, au dehors chacun m'accorde de la capacité; mais ici, la seule personne à laquelle je veux tant plaire que je sue sang et eau pour la rendre heureuse, est précisément celle qui me prend pour une bête.

Ces phrases, quoique scindées par des repos éloquens et lancées comme des balles, ainsi que font tous ceux qui se posent dans une attitude récriminatoire, exprimaient un attachement si profond, si soutenu, que madame Birotteau fut intérieurement attendrie; mais elle se servit, comme toutes les femmes, de l'amour qu'elle inspirait pour avoir gain de cause.

— Eh bien! Birotteau, dit-elle, si tu m'aimes, laisse-moi donc être heureuse à mon goût. Ni toi, ni moi, nous n'avons reçu d'éducation; nous ne savons point parler, ni faire un *serviteur* à la manière des gens du monde, comment veut-on que nous réussissions dans les places du gouvernement? Je serai heureuse aux Trésorières, moi! J'ai toujours aimé les bêtes et les petits oiseaux, je passerai très bien ma vie à prendre soin des poulets, à faire la fermière. Vendons notre fonds, marions Césarine, et laisse ton *Imogène*. Nous viendrons passer les hivers à Paris, chez notre gendre, nous serons heureux, rien ni dans la politique ni dans le commerce ne pourra changer notre manière d'être. Pourquoi vouloir écraser les autres? Notre fortune actuelle ne nous suffit-elle pas? Quand tu seras millionnaire, dîneras-tu deux fois, as-tu besoin d'une autre femme que moi? Vois mon oncle Pillerault? il s'est sagement contenté de son petit avoir, et sa vie s'emploie de bonnes œuvres. A-t-il besoin de beaux meubles, lui! Je suis sûre que tu m'as commandé le mobilier, j'ai vu venir Braschon ici, ce n'était pas pour acheter de la parfumerie.

— Eh bien! oui, ma belle, tes meubles sont ordonnés, nos travaux vont être commencés demain et dirigés par un architecte que m'a recommandé M. de La Billardière.

— Mon Dieu, s'écria-t-elle, ayez pitié de nous!

— Mais tu n'es pas raisonnable, ma biche. Est-ce à trente-sept ans, fraîche et jolie comme tu l'es, que tu peux aller t'enterrer à Chinon! Moi, Dieu merci, je n'ai que trente-neuf ans. Le hasard m'ouvre une belle carrière, j'y entre! en m'y conduisant avec prudence, je puis faire une maison honorable dans la bourgeoisie de Paris, comme cela se pratiquait jadis, fonder les Birotteau, comme il y a des Keller, des Jules

Desmarets, des Roguin, des Cochin, des Guillaume, des Lebas, des Nucingen, des Saillard, des Popinot, des Matifat, qui marquent ou qui ont marqué dans leurs quartiers. Allons donc! Si cette affaire-là n'était pas sûre comme de l'or en barre...

— Sûre!

— Oui, sûre. Voilà deux mois que je la chiffre. Sans en avoir l'air, je prends des informations sur les constructions, au bureau de la ville, chez des architectes et chez des entrepreneurs. M. Rohault, le jeune architecte qui va remanier notre appartement, est désespéré de ne pas avoir d'argent pour se mettre dans notre spéculation.

— Il y aura des constructions à faire; il vous y pousse pour vous gruger.

— Peut-on attraper des gens comme Pillerault, comme Charles Claparon et Roguin? Le gain est sûr comme celui de la Pâte des Sultanes, vois-tu?

— Mais, mon cher ami, qu'a donc besoin Roguin de spéculer, s'il a sa charge payée et sa fortune faite? Je le vois quelquefois passer plus soucieux qu'un ministre d'État, avec un regard en dessous que je n'aime pas : il cache des soucis. Sa figure est devenue, depuis cinq ans, celle d'un vieux débauché. Qui te dit qu'il ne lèvera pas le pied quand il aura vos fonds en main? Cela s'est vu! Le connaisons-nous bien? Il a beau depuis quinze ans être notre ami, je ne mettrais pas ma main au feu pour lui. Tiens, il est punais et ne vit pas avec sa femme, il doit avoir des maîtresses qu'il paie et qui le ruinent; je ne trouve pas d'autre cause à sa tristesse. Quand je fais ma toilette, je regarde à travers les persiennes, je le vois rentrer à pied chez lui, le matin, revenant d'où? personne ne le sait. Il me fait l'effet d'un homme qui a un ménage en ville, qui dépense de son côté, madame du sien. Est-ce la vie d'un notaire? S'ils gagnent cinquante mille francs et qu'ils en mangent soixante, en vingt ans on voit la fin de sa fortune, on se trouve nus comme de petits saint Jean; mais comme on s'est habitué à briller, on dévalise ses amis sans pitié : charité bien ordonnée commence par soi-même. Il est intime avec ce petit gueux de du Tillet, notre ancien commis, je ne vois rien de bon dans cette amitié. S'il n'a pas su juger du Tillet, il est bien aveugle ; s'il le connaît, pourquoi le choye-t-il tant ? Tu me diras que sa femme aime du Tillet ? eh bien ! je n'attends rien de bon d'un homme qui n'a pas d'honneur à l'égard de sa femme. Enfin les possesseurs actuels de ces terrains sont donc bien bêtes de donner pour cent sous ce qui vaut cent francs. Si tu rencontrais un enfant qui ne sût pas ce que vaut un louis, ne lui en dirais-tu pas la valeur ? Votre affaire me fait l'effet d'un vol, à moi, soit dit sans t'offenser.

— Mon Dieu ! que les femmes sont quelquefois drôles ! et comme elles brouillent toutes les idées. Si Roguin n'était rien dans l'affaire, tu me dirais : Tiens, tiens, César, tu fais une affaire où Roguin n'est pas ; elle ne vaut rien. A cette heure, il est là comme une garantie, et tu me dis…

— Non, c'est un monsieur Claparon.

— Mais un notaire ne peut pas être en nom dans une spéculation.

— Pourquoi fait-il alors une chose que lui interdit la loi ? Que me répondras-tu, toi qui ne connais que la loi ?

— Laisse-moi donc continuer. Roguin s'y met, et tu me dis que l'affaire ne vaut rien ? Est-ce raisonnable ? Tu me dis encore : Il fait une chose contre la loi. Mais il s'y mettra ostensiblement s'il le faut. Tu me dis maintenant : Il est riche ? Ne peut-on pas m'en dire autant à moi ? Ragon et Pillerault seraient-ils bien venus à me dire : Pourquoi faites-vous cette affaire, vous qui avez de l'argent comme un marchand de cochons !

— Les commerçans ne sont pas dans la position des notaires, dit madame Birotteau.

— Enfin ma conscience est bien intacte, dit César en continuant. Les gens qui vendent, vendent par nécessité ; nous ne les volons pas plus qu'on ne vole ceux à qui on achète des rentes à soixante-quinze. Aujourd'hui, nous acquérons les terrains à leur prix d'aujourd'hui ; dans deux ans, ce sera différent, comme pour les rentes. Sachez, Constance-Barbe-Joséphine Pillérault, que vous ne prendrez jamais César Birotteau à faire une action qui soit contre la plus rigide probité, ni contre la loi, ni contre la conscience, ni contre la délicatesse. Un homme établi depuis dix-huit ans être soupçonné d'improbité dans son ménage !

— Allons, calme-toi, César ! Une femme qui vit avec toi depuis ce temps connaît le fond de ton ame. Tu es le maître après tout. Cette fortune, tu l'as gagnée, n'est-ce pas ? elle est à toi, tu peux la dépenser. Nous serions réduites à la dernière misère, ni moi ni ta fille nous ne te ferions un seul reproche. Mais écoute : quand tu inventais ta Pâte des Sultanes et ton Eau Carminative, que risquais-tu ? des cinq à six mille francs. Aujourd'hui, tu mets toute ta fortune sur un coup de cartes, tu n'es pas seul à le jouer, tu as des associés qui peuvent se montrer plus fins que toi. Donne ton bal, renouvelle ton appartement, fais dix mille francs de dépenses, c'est inutile, ce n'est pas ruineux. Quant à ton affaire de la Madeleine, je m'y oppose formellement. Tu es parfumeur, sois parfumeur, et non pas revendeur de terrains. Nous avons un instinct qui ne nous trompe pas, nous autres femmes! Je t'ai prévenu, maintenant agis à ta tête. Tu as été juge au tribunal de commerce, tu connais les lois, tu as bien mené ta barque, je te suivrai, César! Mais je tremblerai jusqu'à ce que je voie notre fortune solidement assise, et Césarine bien mariée. Dieu veuille que mon rêve ne soit pas une prophétie!

Cette soumission contraria Birotteau, qui employa l'innocente ruse à laquelle il avait recours en semblable occasion.

— Écoute, Constance, je n'ai pas encore donné ma parole; mais c'est tout comme.

—Oh! César, tout est dit, n'en parlons plus. L'honneur passe avant la fortune. Allons, couche-toi, mon cher ami, nous n'avons plus de bois. D'ailleurs, nous serons toujours mieux au lit pour causer, si cela t'amuse. Oh! le vilain rêve. Mon Dieu! se voir soi-même! Mais c'est affreux! Césarine et moi, nous allons joliment faire des neuvaines pour le succès de tes terrains.

— Sans doute l'aide de Dieu ne nuit à rien, dit gravement Birotteau. Mais l'Essence de noisettes est aussi une puissance, ma femme! J'ai fait cette découverte comme autrefois celle de la Double Pâte des Sultanes, par hasard : la première fois en ouvrant un livre, cette fois en regardant la gravure d'Héro et Léandre. Tu sais, une femme qui verse de l'huile sur la tête de son amant, est-ce gentil? Les spéculations les plus sûres sont celles qui reposent sur la vanité, sur l'amour-propre, l'envie de paraître. Ces sentimens-là ne meurent jamais.

—Hélas! je le vois bien.

— A un certain âge, les hommes feraient les cent coups pour avoir des cheveux, quand ils n'en ont pas. Depuis quelque temps, les coiffeurs me disent qu'ils ne vendent pas seulement le *Macassar*, mais toutes les drogues bonnes à teindre les cheveux, ou qui passent pour les faire pousser. Depuis la paix, les hommes sont bien plus auprès des femmes, et elles n'aiment pas les chauves, hé! hé! mimi! La demande de cet article-là s'explique donc par la situation politique. Une composition qui vous entretiendrait les cheveux en bonne santé se vendrait comme du pain, d'autant que cette Essence sera sans doute approuvée par l'Académie des Sciences. Mon bon monsieur Vauquelin m'aidera peut-être encore. J'irai demain lui soumettre mon idée, en lui offrant la gravure que j'ai fini par trouver après deux ans de recherches en Allemagne. Il s'occupe précisément de l'analyse des cheveux. Chiffreville, son associé pour sa fabrique de produits chimiques, me l'a dit. Si ma découverte s'accorde avec les siennes, mon Essence serait achetée par les deux sexes! Mon idée est une fortune, je le répète! Mon Dieu, je n'en dors pas. Eh! par bonheur, le petit Popinot a les plus beaux cheveux du monde! Avec une demoiselle de comptoir qui aurait des cheveux longs à tomber jusqu'à terre et qui dirait, si la chose est possible sans offenser Dieu ni le prochain, que l'huile Comagène (car ce sera décidément une huile) y est pour quelque chose, les têtes de grisons se jetteraient là dessus comme la pauvreté sur le monde! Dis-donc, mignonne, et ton bal? Je ne suis pas méchant, mais je voudrais bien rencontrer ce petit drôle de du Tillet, qui *fait le gros* avec sa fortune, et qui m'évite toujours à la Bourse. Il sait que je connais un trait de lui qui n'est pas beau. Peut-être ai-je été trop bon avec lui. Est-ce drôle, ma femme, qu'on soit toujours puni de ses bonnes actions, ici-bas s'entend! Je me suis conduit comme un père envers lui, tu ne sais pas tout ce que j'ai fait pour lui.

— Tu me donnes la chair de poule rien que de m'en parler. Si tu avais su ce qu'il voulait faire de toi, tu n'aurais pas gardé le secret sur le vol des trois mille francs, car j'ai deviné la manière dont l'affaire s'est arrangée. Si tu l'avais envoyé en police correctionnelle, peut-être aurais-tu rendu service à bien du monde!

—Que prétendait-il donc faire de moi?

—Rien. Si tu étais en train de m'écouter ce soir, je te donnerais un bon conseil, Birotteau, ce serait de laisser ton du Tillet.

— Ne trouverait-on pas extraordinaire de voir exclus de chez moi un commis que j'ai cautionné pour les premiers vingt mille francs avec lesquels il a commencé les affaires? Va, faisons le bien pour le bien! D'ailleurs, du Tillet s'est peut-être amendé.

— Il faudra mettre tout cen dessus dessous ici.

— Que dis-tu donc avec ton cen dessus dessous? Mais tout sera rangé comme un papier de musique. Tu as donc déjà oublié ce que je viens de te dire relativement à l'escalier et à ma location dans la maison voisine que j'ai arrangée avec le marchand de parapluies, Cayron. Nous devons aller ensemble demain chez M. Molineux, son propriétaire, car, j'ai demain des affaires autant qu'en a un ministre...

—Tu m'as tourné la cervelle avec tes projets,

lui dit Constance, je m'y brouille. D'ailleurs, Birotteau, je dors.

— Bonjour, répondit le mari. Ecoute donc, je te dis bonjour parce que nous sommes au matin, mimi. Ah ! la voilà partie, cette chère enfant ! Va, tu seras richissime, ou je perdrai mon nom de César.

Quelques instans après, Constance et César ronflèrent paisiblement.

Un coup d'œil rapidement jeté sur la vie antérieure de ce ménage confirmera les idées que doit suggérer l'amicale altercation des deux principaux personnages de cette scène de la vie parisienne. En peignant les mœurs des détaillans, cette esquisse expliquera d'ailleurs par quels singuliers hasards César Birotteau se trouvait adjoint, et parfumeur, ancien officier de la garde nationale et chevalier de la Légion-d'Honneur. En éclairant la profondeur de son caractère, et les ressorts de sa grandeur, on pourra comprendre comment les accidens commerciaux que surmontent les têtes fortes deviennent d'irréparables catastrophes pour de petits esprits. Les événemens ne sont jamais absolus, leurs résultats dépendent entièrement des individus : le malheur est un marche-pied pour le génie, une piscine pour le chrétien, un trésor pour l'homme habile, pour les faibles un abîme.

CHAPITRE II.

ANTÉCÉDENS
DE CÉSAR BIROTTEAU.

Un closier des environs de Chinon nommé Jacques Birotteau épousa la femme de chambre d'une dame chez laquelle il faisait les vignes ; il eut trois garçons, sa femme mourut en couches du dernier, et le pauvre homme ne lui survécut pas long-temps.

La maîtresse affectionnait sa femme de chambre; elle fit élever avec ses fils l'aîné des enfans de son closier, nommé François, et le plaça dans un séminaire. Ordonné prêtre, François Birotteau se cacha pendant la révolution et mena la vie errante des prêtres non assermentés, traqués comme des bêtes fauves, et pour le moins guillotinés. Au moment où commence cette histoire, il se trouvait vicaire de la cathédrale de Tours et n'avait quitté qu'une seule fois cette ville, pour venir voir son frère César. Le mouvement de Paris étourdit si fort le bon prêtre qu'il n'osait sortir de sa chambre; il nommait les cabriolets *des petits fiacres*, et s'étonnait de tout. Après une semaine de séjour, il revint à Tours, en se promettant de ne jamais retourner dans la capitale.

Le deuxième fils du vigneron, Jean Birotteau, pris par la milice, gagna promptement le grade de capitaine pendant les premières guerres de la révolution. A la bataille de la Trébia, Macdonald demanda des hommes de bonne volonté pour emporter une batterie, le capitaine Jean Birotteau s'avança avec sa compagnie et fut tué. La destinée des Birotteau voulait sans doute qu'ils fussent opprimés par les hommes ou par les événemens, partout où ils se planteraient.

Le dernier enfant est le héros de cette scène. Lorsqu'à l'âge de quatorze ans, César sut lire, écrire et compter, il quitta le pays, vint à pied à Paris y chercher fortune avec un louis dans sa poche. La recommandation d'un apothicaire de Tours le fit entrer, en qualité de garçon de magasin, chez monsieur et madame Ragon, marchands parfumeurs. César possédait alors une paire de souliers ferrés, une culotte et des bas bleus, son gilet à fleurs, une veste de paysan, trois grosses chemises de bonne toile et son gourdin de route. Si ses cheveux étaient coupés comme le sont ceux des enfans de chœur, il avait les reins solides du Tourangeau; s'il se laissait aller parfois à la paresse en vigueur dans le pays, elle était compensée par le désir de faire fortune; s'il manquait d'esprit et d'instruction, il avait une rectitude instinctive et des sentimens délicats qu'il tenait de sa mère, créature qui, suivant l'expression tourangelle, était un *cœur d'or*. César eut la nourriture, six francs de gages par mois, et fut couché sur un grabat, au grenier, près de la cuisinière. Les commis qui lui apprirent à faire les emballages et les commissions, à balayer le magasin et la rue, se moquèrent de lui, tout en le façonnant au service, par suite des mœurs boutiquières où la plaisanterie entre comme principal élément d'instruction. Monsieur et madame Ragon lui parlèrent comme à un chien; personne ne prit garde à sa fatigue, quoique le soir, ses pieds meurtris par le pavé lui fissent un mal horrible et que ses épaules fussent brisées. Cette rude application du *chacun pour soi*, l'évangile de toutes les capitales, lui fit trouver la vie de Paris fort dure. Le soir, il pleurait en pensant à la Touraine où le paysan travaille à son aise, où le maçon pose sa pierre en douze temps, où la paresse est sagement mêlée au labeur; mais il s'endormait sans avoir le temps de penser à s'enfuir, car il avait des courses pour la matinée et obéissait à son devoir avec l'instinct d'un chien de garde. Si, par hasard, il se plaignait, le premier commis souriait d'un air jovial.

— Ah, mon garçon, disait-il, tout n'est pas rose à la Reine des Roses, et les alouettes n'y tombent pas toutes rôties; faut d'abord courir après, puis les prendre, enfin faut avoir de quoi les accommoder.

La cuisinière, grosse Picarde, prenait les meilleurs morceaux pour elle, et n'adressait la parole à César que pour se plaindre de monsieur ou de madame Ragon, qui ne lui laissaient rien à voler. Vers la fin du premier mois, cette fille, obligée de garder la maison un dimanche, entama la conversation avec César. Ursule décrassée sembla charmante au pauvre garçon de peine, qui, sans le hasard, allait échouer sur le premier écueil caché dans sa carrière. Comme tous les êtres dénués de protection, il aima la première femme qui lui jetait un regard aimable. La cuisinière prit César sous sa protection, et il s'ensuivit de secrètes amours que les commis raillèrent impitoyablement. Deux ans après, la cuisinière quitta très heureusement César pour un jeune réfractaire de son pays caché à Paris, un Picard de vingt ans, riche de quelques arpens de terre, qui se laissa épouser par Ursule.

Pendant ces deux années, la cuisinière avait bien nourri son petit César, lui avait expliqué plusieurs mystères de la vie parisienne en la lui faisant examiner d'en bas, et lui avait inculqué par jalousie une profonde horreur pour les mauvais lieux dont les dangers ne lui paraissaient pas inconnus. En 1792, les pieds de César trahi s'étaient accoutumés au pavé, ses épaules aux caisses, et son esprit à ce qu'il nommait *les bourdes* de Paris. Aussi, quand Ursule l'abandonna, fut-il promptement consolé, car elle n'avait réalisé aucune de ses idées instinctives sur les sentimens. Lascive et bourrue, pateline et pillarde, égoïste et buveuse, elle froissait la candeur de Birotteau sans lui offrir aucune riche perspective. Parfois, le pauvre enfant se voyait avec douleur lié par les nœuds les plus forts pour les cœurs naïfs, à une créature avec laquelle il ne sympathisait pas. Au moment où il devint maître de son cœur, il avait grandi et atteint l'âge de seize ans. Son esprit développé par Ursule et par les plaisanteries des commis lui fit étudier le commerce d'un regard où l'intelligence se cachait sous la simplesse : il observa les chalands, demanda dans les momens perdus des explications sur les marchandises dont il retint les diversités et les places ; il connut un beau jour les articles, les prix et les chiffres mieux que ne les connaissaient les nouveau-venus ; monsieur et madame Ragon s'habituèrent dès lors à l'employer.

Le jour où la terrible réquisition de l'an II fit maison nette chez le citoyen Ragon, César Birotteau, promu second commis, profita de la circonstance pour obtenir cinquante livres d'appointement par mois, et s'assit à la table des Ragon avec une jouissance ineffable. Le second commis de *la Reine des Roses*, déjà riche de six cents francs, eut une chambre où il put convenablement serrer dans des meubles long-temps convoités les nippes qu'il s'était amassées. Les jours de décadi, mis comme les jeunes gens de l'époque à qui la mode ordonnait d'affecter des manières brutales, ce doux et modeste paysan avait un air qui le rendait au moins leur égal, et il franchit ainsi les barrières qu'en d'autres temps la domesticité eût mises entre la bourgeoisie et lui. Vers la fin de cette année, sa probité le fit placer à la caisse. L'imposante citoyenne Ragon veillait au linge du commis, et les deux marchands se familiarisèrent avec lui.

En vendémiaire 1794, César, qui possédait cent louis d'or, les échangea contre six mille francs d'assignats, acheta des rentes à trente francs, les paya la veille du jour où l'échelle de dépréciation eut cours à la Bourse, et serra son inscription avec un indicible bonheur. Dès ce jour, il suivit le mouvement des fonds et des affaires publiques avec des anxiétés secrètes qui le faisaient palpiter au récit des revers ou des succès qui marquèrent cette période de notre histoire. M. Ragon, ancien parfumeur de Sa Majesté la reine Marie-Antoinette, confia dans ces momens critiques son attachement pour les tyrans déchus à César Birotteau. Cette confidence fut une des circonstances capitales de la vie de César. Les conversations du soir, quand la boutique était close, la rue calme et la caisse faite, fanatisèrent le Tourangeau, qui, en devenant royaliste, obéissait à ses sentimens innés. Le narré des vertueuses actions de Louis XVI, les anecdotes par lesquelles les deux époux exaltaient les mérites de la reine, échauffèrent l'imagination de César. L'horrible sort de ces deux têtes couronnées, tranchées à quelques pas de la boutique, révolta son cœur sensible et lui donna de la haine pour un système de gouvernement à qui le sang innocent ne coûtait rien à répandre. L'intérêt commercial lui montrait la mort du négoce dans le maximum et dans les orages politiques, toujours ennemis des affaires. En vrai parfumeur, il haïssait d'ailleurs une révolution qui mettait tout le monde à la Titus et supprimait la poudre. La tranquillité que procure le pouvoir absolu pouvant seule donner la vie à l'argent, il se fanatisa pour la royauté. Quand M. Ragon le vit en bonne disposition, il le nomma son premier commis et l'initia au secret de la boutique de la Reine des Roses, dont quelques chalands étaient les plus actifs, les plus dévoués émissaires des Bourbons, et où se faisait la correspondance de l'Ouest avec Paris. Entraîné par la chaleur du jeune âge, électrisé par ses rapports avec les Georges, les La Billardière, les Montauran, les Bauvan, les Longuy, les Mandat, les Bernier, les Fontaine, César se jeta dans la conspiration que les royalistes et les terroristes réunis dirigèrent au 13 vendémiaire contre la Convention expirante.

César eut l'honneur de lutter contre Napoléon sur les marches de Saint-Roch, et fut blessé dès le commencement de l'affaire. Chacun sait l'issue de cette tentative. Si l'aide-de-camp de Barras sortit de son obscurité, Birotteau fut sauvé par la sienne. Quelques amis transportèrent le belliqueux premier commis à la Reine des Roses, où il resta caché dans le grenier, pansé par madame Ragon et heureusement oublié. César Birotteau n'avait eu qu'un éclair de courage militaire. Pendant le mois que dura sa convalescence, il fit de solides réflexions sur l'alliance ridicule de la politique et de la parfumerie.

S'il resta royaliste, il résolut d'être purement et simplement un parfumeur royaliste, sans jamais plus se compromettre, et s'adonna corps et âme à sa partie.

Au dix-huit brumaire, monsieur et madame Ragon, désespérant de la cause royale, se décidèrent à quitter la parfumerie, à vivre en bons bourgeois, sans plus se mêler de politique. Pour recouvrer le prix de leur fonds, il leur fallait rencontrer un homme qui eût plus de probité que d'ambition, plus de gros bon sens que de capacité. Ragon proposa donc l'affaire à son premier commis. Birotteau, maître à vingt ans de mille francs de rente dans les fonds publics, hésita. Son ambition consistait à vivre auprès de Chinon quand il se serait fait quinze cents francs de rente, et que le premier consul aurait consolidé la dette publique en se consolidant aux Tuileries. Pourquoi risquer son honnête et modeste indépendance dans les chances commerciales? se disait-il. Il n'avait jamais cru gagner une fortune aussi considérable, due à ces chances auxquels on ne se livre que pendant la jeunesse ; il songeait alors à épouser en Touraine une femme aussi riche que lui pour pouvoir acheter et cultiver *Les Trésorières*, petit bien que, depuis l'âge de raison, il avait convoité, qu'il rêvait d'augmenter, où il se ferait mille écus de rente, où il mènerait une vie heureusement obscure. Il allait refuser quand l'amour changea tout à coup ses résolutions en décuplant le chiffre de son ambition.

Depuis la trahison d'Ursule, César était resté sage, autant par crainte des dangers que l'on court à Paris en amour, que par suite de ses travaux. Quand les passions sont sans aliment, elles se changent en besoin ; le mariage devient alors pour les gens de la classe moyenne une idée fixe, car ils n'ont que cette manière de conquérir et de s'approprier une femme. César Birotteau en était là. Tout roulait sur le premier commis dans le magasin de la Reine des Roses ; il n'avait pas un moment à donner au plaisir. Dans une semblable vie, les besoins sont encore plus impérieux ; aussi la rencontre d'une belle fille, à laquelle un commis libertin eût à peine songé, devait-elle produire le plus grand effet sur le sage César.

Par un beau jour de juin, en entrant par le pont Marie, dans l'île Saint-Louis, il vit une jeune fille debout sur la porte d'une boutique située à l'encoignure du quai d'Anjou. Constance Pillerault était la première demoiselle d'un magasin de nouveautés, nommé le *Petit Matelot*, le premier des magasins qui depuis se sont établis dans Paris avec plus ou moins d'enseignes peintes, banderoles flottantes, montres pleines de châles en balançoire, cravates arrangées comme des châteaux de cartes, et mille autres séductions commerciales, prix fixes, bandelettes, affiches, illusions et effets d'optique portés à un tel degré de perfectionnement que les devantures de boutique sont devenues des poëmes matériels. Le bas prix de tous les objets dits Nouveautés qui se trouvaient au Petit Matelot, lui donna une vogue inouie, dans l'endroit de Paris le moins favorable à la vogue et au commerce. Cette première demoiselle était alors citée pour sa beauté, comme depuis le furent la

Belle Limonadière du café des Mille Colonnes et plusieurs autres pauvres créatures qui ont fait lever plus de jeunes et de vieux nez aux carreaux des modistes, des limonadiers et des magasins, qu'il n'y a de pavés dans les rues de Paris. Le premier commis de la Reine des Roses, logé entre Saint-Roch et la rue de la Sourdière, exclusivement occupé de parfumerie, ne soupçonnait pas l'existence du Petit Matelot, car les petits commerces de Paris sont assez étrangers les uns aux autres. César fut si vigoureusement féru par la beauté de Constance qu'il entra furieusement au Petit Matelot pour y acheter six chemises de toile, dont il débattit long-temps le prix, en se faisant déplier des volumes de toiles, ni plus ni moins qu'une Anglaise en humeur de marchander (*choping*). La première demoiselle daigna s'occuper de César en s'apercevant à quelques symptômes connus de toutes les femmes, qu'il venait bien plus pour la marchande que pour la marchandise. Il dicta son nom et son adresse à la demoiselle qui fut très-indifférente à l'admiration du chaland, après l'emplette.

Le pauvre commis avait eu peu de chose à faire pour gagner les bonnes graces d'Ursule ; il était demeuré niais comme un mouton, l'amour l'enniaisant encore davantage, il n'osa pas dire un mot et fut d'ailleurs trop ébloui pour remarquer l'insouciance qui succédait au sourire invitateur de cette syrène marchande.

Pendant huit jours il alla tous les soirs faire faction devant le Petit Matelot, quêtant un regard comme un chien quête un os à la porte d'une cuisine, insoucieux des moqueries que se permettaient les commis et les *demoiselles*, se dérangeant avec humilité pour les acheteurs ou les passans, attentif aux petites révolutions de la boutique. Quelques jours après, il entra de nouveau dans le paradis où était son ange, moins pour y acheter des mouchoirs que pour lui communiquer une idée lumineuse.

— Si vous aviez besoin de parfumeries, mademoiselle, je vous en fournirais bien tout de même, dit-il en la payant.

Constance Pillerault recevait journellement de

brillantes propositions où il n'était jamais question de mariage, et quoique son cœur fût aussi pur que son front était blanc, ce ne fut qu'après six mois de marches et de contremarches, où César signala son infatigable amour, qu'elle daigna recevoir les soins de César, mais sans vouloir se prononcer, prudence commandée par le nombre infini de ses serviteurs, marchands de vins en gros, riches limonadiers et autres qui lui faisaient les yeux doux. L'amant s'était appuyé sur le tuteur de Constance, M. Claude-Joseph Pillerault, alors marchand quincaillier sur le quai de la Ferraille, qu'il avait fini par découvrir en se livrant à l'espionnage souterrain qui distingue le véritable amour.

La rapidité de ce récit oblige à passer sous silence les joies de l'amour parisien fait avec innocence, à taire les prodigalités particulières aux commis: melons apportés dans la primeur, fins dîners chez Vénua suivis du spectacle, parties de campagne en fiacre, le dimanche. Sans être joli garçon, César n'avait rien dans sa personne qui s'opposât à ce qu'il fût aimé. La vie de Paris et son séjour dans un magasin sombre avaient fini par éteindre la vivacité de son teint de paysan. Son abondante chevelure noire, son encolure de cheval normand, ses gros membres, son air simple et probe, tout contribuait à disposer favorablement en sa faveur. L'oncle Pillerault, chargé de veiller au bonheur de la fille de son frère, avait pris des renseignemens, il sanctionna les intentions du Tourangeau. En 1800, au joli mois de mai, mademoiselle Pillerault consentit à épouser César Birotteau, qui s'évanouit de joie au moment où, sous un tilleul, à Sceaux, Constance-Barbe-Joséphine l'accepta pour époux.

—Ma petite, dit monsieur Pillerault, tu acquiers un bon mari, il a le cœur chaud et des sentimens d'honneur: c'est franc comme l'osier et sage comme un Enfant-Jésus, enfin le roi des hommes.

Constance abdiqua franchement les brillantes destinées auxquelles, comme toutes les filles de boutique, elle avait parfois rêvé : elle voulut être une honnête femme, une bonne mère de famille, et prit la vie suivant le religieux programme de la classe moyenne. Ce rôle allait d'ailleurs bien mieux à ses idées que les dangereuses vanités qui séduisent tant de jeunes imaginations parisiennes. D'une intelligence étroite, Constance offrait le type de la petite bourgeoise dont les travaux ne vont pas sans un peu d'humeur, qui commence par refuser ce qu'elle désire et se fâche quand elle est prise au mot, dont l'inquiète activité se porte sur la cuisine et sur la caisse, sur les affaires les plus graves et sur les reprises invisibles à faire au linge, qui aime en grondant, ne conçoit que les idées les plus simples, la petite monnaie de l'esprit, raisonne sur tout, a peur de tout, calcule tout et pense toujours à l'avenir. Sa beauté froide mais candide, son air touchant, sa fraîcheur empêchèrent Birotteau de songer à des défauts compensés d'ailleurs par cette délicate probité naturelle aux femmes, par un ordre excessif, par le fanatisme du travail et par le génie de la vente. Constance avait alors dix-huit ans, et possédait onze mille francs.

César, à qui l'amour inspira la plus excessive ambition, acheta le fonds de la Reine des Roses, et le transporta près de la place Vendôme dans une belle maison. Agé de vingt et un ans seulement, marié à une belle femme adorée, possesseur d'un établissement dont il avait payé le prix aux trois quarts, il dut voir et vit l'avenir en beau, surtout en mesurant le chemin fait depuis son point de départ. Roguin, notaire des Ragon, le rédacteur du contrat de mariage, donna de sages conseils au nouveau parfumeur, en l'empêchant d'achever le paiement du fonds avec la dot de sa femme.

— Gardez donc des fonds pour faire quelques bonnes entreprises, mon garçon, lui avait-il dit!

Birotteau regarda le notaire avec admiration, prit l'habitude de le consulter, et s'en fit un ami. Comme Ragon et Pillerault, il eut tant de foi dans le notariat, qu'il se livrait alors à Roguin sans se permettre un soupçon. Grâce à ce conseil, César, muni des onze mille francs de Constance pour commencer les affaires, n'eût pas alors échangé son *avoir* contre celui du premier Consul, quelque brillant que parût être l'*avoir* de Napoléon. D'abord, Birotteau n'eut qu'une cuisinière, il se logea dans l'entresol situé au dessus de sa boutique, espèce de bouge assez bien décoré par un tapissier et où les nouveaux mariés entamèrent une éternelle lune de miel.

Madame César apparut comme une merveille dans son comptoir. Sa beauté célèbre eut une énorme influence sur la vente, il ne fut question que de la belle madame Birotteau parmi les élégans de l'Empire. Si César fut accusé de royalisme, le monde rendit justice à sa probité; si quelques marchands voisins envièrent son bonheur, il passa pour en être digne. Le coup de feu qu'il avait reçu sur les marches de Saint-Roch lui donna la réputation d'un homme mêlé aux secrets de la politique et celle d'un homme courageux, quoiqu'il n'eût aucun courage militaire au cœur et nulle idée politique dans la cervelle. Sur ces données, les honnêtes gens de l'arrondissement le nommèrent capitaine de la garde nationale; mais il fut cassé par Napoléon qui, selon Birotteau, lui gardait rancune de leur rencontre en vendémiaire. César eut alors à bon marché un vernis de persécution qui le rendit intéressant aux yeux des opposans, et lui fit acquérir une certaine importance.

Voici quel fut le sort de ce ménage, constamment heureux par les sentimens, agité seulement par les anxiétés commerciales.

Pendant la première année, César Birotteau mit sa femme au fait de la vente et du détail des parfumeries, métier auquel elle s'entendit admirablement bien ; elle semblait avoir été créée et mise au monde pour ganter les chalands. Cette année finie, l'inventaire épouvanta l'ambitieux parfumeur : tous frais prélevés, en vingt ans à peine aurait-il gagné le modeste capital de cent mille francs, auquel il avait chiffré son bonheur! Il résolut alors d'arriver à la fortune plus rapidement, et voulut d'abord joindre la fabrication au détail. Contre l'avis de sa femme, il loua une baraque et des terrains dans le faubourg du Temple, et y fit peindre en gros caractères :

FABRIQUE DE CÉSAR BIROTTEAU.

Il débaucha de Grasse un ouvrier avec lequel il commença de compte à demi quelques fabrications de savon, d'essences et d'eau de Cologne. Son association avec cet ouvrier ne dura que six mois, et se termina par des pertes qu'il supporta seul. Sans se décourager, Birotteau voulut obtenir un résultat à tout prix, uniquement pour ne pas être grondé par sa femme, à laquelle il avoua plus tard qu'en ce temps de désespoir la tête lui bouillait comme une marmite, et que plusieurs fois, n'était ses sentimens religieux, il se serait jeté dans la Seine.

Désolé de quelques expériences infructueuses, il flânait un jour le long des boulevarts en revenant dîner, car le flâneur parisien est aussi souvent un homme au désespoir qu'un oisif. Parmi quelques livres à six sous étalés dans une manne à terre, ses yeux furent saisis par ce titre jaune de poussière :

ABDEKER,

OU

L'ART DE CONSERVER LA BEAUTÉ.

Il prit ce prétendu livre arabe, espèce de roman fait par un médecin du siècle précédent, et tomba sur une page où il s'agissait de parfums. Appuyé sur un arbre du boulevart pour feuilleter le livre, il lut une note où l'auteur expliquait la nature du derme et de l'épiderme, et démontrait que telle pâte ou tel savon produisait un effet souvent contraire à celui qu'on en attendait, si la pâte et le savon donnaient du ton à la peau qui voulait être relâchée, ou relâchaient la peau qui exigeait des toniques. Birotteau acheta ce livre où il vit une fortune.

Néanmoins, peu confiant dans ses lumières, il alla chez un chimiste célèbre, Vauquelin, auquel il demanda tout naïvement les moyens de composer un double cosmétique qui produisît des effets appropriés aux diverses natures de l'épiderme humain. Les vrais savans, ces hommes si réellement grands en ce sens qu'ils n'obtiennent jamais de leur vivant le renom par lequel leurs immenses travaux inconnus devraient être payés, sont presque tous serviables et sourient aux pauvres d'esprit. Vauquelin protégea donc le parfumeur, lui permit de se dire l'inventeur d'une pâte pour blanchir les mains et dont il lui indiqua la composition.

Birotteau appela ce cosmétique la Double Pâte des Sultanes. Afin de compléter l'œuvre, il appliqua le procédé de la pâte pour les mains à une eau pour le teint qu'il nomma l'Eau Carminative. Il imita dans sa partie le système du Petit Matelot, il déploya, le premier d'entre les parfumeurs, ce luxe d'affiches, d'annonces et de moyens de publication que l'on nomme peut-être injustement charlatanisme.

La Pâte des Sultanes et l'Eau Carminative se produisirent dans l'univers galant et commercial par des affiches coloriées, en tête desquelles étaient ces mots :

Approuvées par l'Institut !

Cette formule, employée pour la première fois, eut un effet magique. Non-seulement la France, mais le continent fut pavoisé d'affiches jaunes, rouges, bleues, par le souverain de la Reine des Roses qui tenait, fournissait et fabriquait, à des prix modérés, tout ce qui concernait sa partie. A une époque où l'on ne parlait que de l'Orient, nommer un cosmétique quelconque Pâte des Sultanes, en devinant la magie exercée par ces mots dans un pays où tout homme tient autant à être sultan que la femme à devenir sultane, était une inspiration qui pouvait venir à un homme ordinaire comme à un homme d'esprit; mais le public jugeant toujours les résultats, Birotteau passa d'autant plus pour un homme supérieur, commercialement parlant, qu'il rédigea lui-même un prospectus dont la ridicule phraséologie fut un élément de succès, car en France, on ne rit que des choses et des hommes dont on s'occupe, et personne ne s'occupe de ce qui ne réussit point. Quoique Birotteau n'eût pas joué sa bêtise, on lui donna le talent de savoir faire la bête à propos.

Il s'est retrouvé, non sans peine, un exemplaire de ce prospectus dans la maison Popinot et compagnie, droguistes rue des Lombards. Cette pièce curieuse est au nombre de celles que, dans un cercle plus élevé, les historiens intitulent *pièces justificatives*. La voici donc.

DOUBLE PATE DES SULTANES ET EAU CARMINATIVE
DE CÉSAR BIROTTEAU,

DÉCOUVERTE MERVEILLEUSE

APPROUVÉE PAR L'INSTITUT DE FRANCE!

Depuis long-temps une pâte pour les mains et une eau pour le visage, donnant un résultat supérieur à celui obtenu par l'Eau de Cologne dans l'œuvre de la toilette, étaient généralement désirées par les deux sexes en Europe. Après avoir consacré de longues veilles à l'étude du derme et de l'épiderme chez les deux sexes, qui, l'un comme l'autre, attachent avec raison le plus grand prix à la douceur, à la souplesse, au brillant, au velouté de la peau, le sieur Birotteau, parfumeur avantageusement connu dans la capitale et à l'étranger, a découvert une Pâte et une Eau à juste titre nommées, dès leur apparition, merveilleuses par les élégans et par les élégantes de Paris. En effet, cette Pâte et cette Eau possèdent d'étonnantes propriétés pour agir sur la peau, sans la rider prématurément, effet immanquable des drogues employées inconsidérément jusqu'à ce jour et inventées par d'ignorantes cupidités. Cette découverte repose sur la division des tempéramens qui se rangent en deux grandes classes indiquées par la couleur de la Pâte et de l'Eau, lesquelles sont roses pour le derme et l'épiderme des personnes de constitution lymphatique, et blanches pour ceux des personnes qui jouissent d'un tempérament sanguin.

Cette pâte est nommée Pâte des Sultanes *parce que cette découverte avait déjà été faite pour le sérail par un médecin arabe. Elle a été approuvée par l'Institut sur le rapport de notre illustre chimiste* VAUQUELIN, *ainsi que l'Eau établie sur les principes qui ont dicté la composition de la Pâte.*

Cette précieuse Pâte, qui exhale les plus doux parfums, fait donc disparaître les taches de rousseur les plus rebelles, blanchit les épidermes les plus récalcitrans, et dissipe les sueurs de la main dont se plaignent les femmes non moins que les hommes.

L'Eau Carminative *enlève ces légers boutons qui*

dans certains momens surviennent inopinément aux femmes, et contrarient leurs projets pour le bal; elle rafraîchit et ravive les couleurs en ouvrant ou fermant les pores selon les exigences du tempérament; elle est si connue déjà pour arrêter les outrages du temps que beaucoup de dames l'ont, par reconnaissance, nommée L'AMIE DE LA BEAUTÉ.

L'Eau de Cologne est purement et simplement un parfum banal sans efficacité spéciale, tandis que la Double Pâte des Sultanes *et* l'Eau Carminative *sont deux compositions opérantes, d'une puissance motrice agissant sans danger sur les qualités internes et les secondant; leurs odeurs essentiellement balsamiques et d'un esprit divertissant réjouissent le cœur et le cerveau admirablement, charment les idées et les réveillent; elles sont aussi étonnantes par leur mérite que par leur simplicité; enfin, c'est un attrait de plus offert aux femmes, et un moyen de séduction que les hommes peuvent acquérir.*

L'usage journalier de l'Eau dissipe les cuissons occasionées par le feu du rasoir; elle préserve également les lèvres de la gerçure et les maintient rou-

ges ; elle efface naturellement à la longue les taches de rousseur, et finit par redonner du ton aux chairs. Ces effets annoncent toujours en l'homme un équilibre parfait entre les humeurs, ce qui tend à délivrer les personnes sujettes à la migraine de cette horrible maladie. Enfin l'Eau Carminative, *qui peut être employée par les femmes dans toutes leurs toilettes, prévient les affections cutanées en ne gênant pas la transpiration des tissus, tout en leur communiquant un velouté persistant.*

S'adresser, franc de port, à M. César Birotteau, *successeur de Ragon, ancien Parfumeur de la reine Marie Antoinette, à la Reine des Roses, rue Saint-Honoré, à Paris, près la place Vendôme.*

Le prix du pain de Pâte est de trois livres, et celui de la bouteille est de six livres.

M. César Birotteau, pour éviter toutes les contrefaçons, prévient e public que la Pâte est enveloppée d'un papier portant sa signature, et que les bouteilles ont un cachet incrusté dans le verre.

Le succès fut dû, sans que César s'en doutât, à Constance qui lui conseilla d'envoyer l'Eau Carminative et la Pâte des Sultanes par caisses à tous les parfumeurs de France et de l'étranger, en leur offrant un gain de trente pour cent, s'ils voulaient prendre ces deux articles par *grosses*. La Pâte et l'Eau valaient mieux en réalité que les cosmétiques analogues et séduisaient les ignorans par la distinction établie entre les tempéramens : les cinq cents parfumeurs de France alléchés par le gain, achetèrent annuellement chez Birotteau chacun plus de trois cents grosses de Pâte et d'Eau, consommation qui lui produisit des bénéfices restreints quant à l'article, énormes par la quantité. César put alors acheter les bicoques et les terrains du faubourg du Temple, il y bâtit de vastes fabriques et décora magnifiquement son magasin de la Reine des Roses ; son ménage éprouva les petits bonheurs de l'aisance, et sa femme ne trembla plus autant.

En 1810, madame César prévit une hausse dans les loyers, elle poussa son mari à se

6.

faire principal locataire de la maison où ils occupaient la boutique et l'entresol, et à mettre leur appartement au premier étage. Une circonstance heureuse décida Constance à fermer les yeux sur les folies que Birotteau fit pour elle dans son appartement. Le parfumeur venait d'être élu juge au tribunal de commerce. Sa rigide probité, sa délicatesse connue et la considération dont il jouissait lui valurent cette dignité qui le classa désormais parmi les notables commerçans de Paris. Pour augmenter ses connaissances, il se leva dès cinq heures du matin, lut les répertoires de jurisprudence et les livres qui traitaient des litiges commerciaux. Son sentiment du juste, sa rectitude, son bon vouloir, qualités essentielles dans l'appréciation des difficultés soumises aux sentences consulaires, le rendirent un des juges les plus estimés. Ses défauts contribuèrent également à sa réputation. En sentant son infériorité, César subordonnait volontiers ses lumières à celles de ses collègues flattés d'être si curieusement écoutés par lui : les uns recherchèrent la silencieuse approbation d'un homme censé profond, en sa qualité d'écouteur ; les autres, enchantés de sa modestie et de sa douceur, le vantèrent. Les justiciables louèrent sa bienveillance, son esprit conciliateur, et il fut souvent pris pour arbitre en des contestations où son bon sens lui suggérait une justice de cadi. Pendant le temps que durèrent ses fonctions, il sut se composer un langage farci de lieux communs, semé d'axiomes et de calculs traduits en phrases arrondies qui doucement débitées sonnaient aux oreilles des gens superficiels comme de l'éloquence. Il plut ainsi à cette majorité naturellement médiocre, à perpétuité condamnée aux travaux, aux vues du terre à terre. César perdit tant de temps au tribunal, que sa femme le contraignit à refuser désormais ce coûteux honneur.

Vers 1813, grace à sa constante union et après avoir vulgairement cheminé dans la vie, ce ménage vit commencer une ère de prospérité que rien ne semblait devoir interrompre. Monsieur et madame Ragon, leurs prédécesseurs, leur oncle Pillerault, Roguin le notaire, les Matifat, droguistes de la rue des Lombards, fournisseurs de la Reine des Roses, Joseph Lebas, marchand drapier, successeur des Guillaume, au *Chat qui pelote*, une des lumières de la rue Saint-Denis, le juge Popinot, frère de madame Ragon, Chiffreville, de la maison Protez et Chiffreville, monsieur et madame Cochin, employés au Trésor et commanditaires des Matifat, l'abbé Loraux confesseur et directeur des gens pieux de cette coterie, et quelques autres personnes composaient le cercle de leurs amis.

Malgré les sentimens royalistes de Birotteau, l'opinion publique était alors en sa faveur, il passait pour être très riche, quoiqu'il ne possédât encore que cent mille francs en dehors de son commerce; car la régularité de ses affaires, son exactitude, son habitude de ne rien devoir, de ne jamais escompter son papier et de prendre au contraire des valeurs sûres à ceux auxquels il pouvait être utile, son obligeance lui méritaient un crédit énorme. Il avait d'ailleurs réellement gagné beaucoup d'argent; mais ses constructions et ses fabriques en avaient beaucoup absorbé. Puis sa maison lui coûtait près de vingt mille francs par an. Enfin l'éducation de Césarine, fille unique idolâtrée par Constance autant que par lui, nécessitait de fortes dépenses. Ni le mari, ni la femme ne regardaient à l'argent quand il s'agissait de faire plaisir à leur fille dont ils n'avaient pas voulu se séparer. Imaginez les jouissances du pauvre paysan parvenu, quand il entendait sa charmante Césarine répétant au piano une sonate de Steibelt ou chantant une romance; quand il la voyait écrire correctement la langue française, lire Racine père et fils, lui en expliquer les beautés, dessiner un paysage ou faire une seppia! Revivre dans une fleur aussi belle, aussi pure, qui n'avait pas encore quitté la tige maternelle, un ange enfin dont les graces naissantes, dont les premiers développemens avaient été passionnément suivis, admirés! une fille unique, incapable de mépriser son père ou de se moquer de son défaut d'instruction, tant elle était vraiment *jeune fille*.

En venant à Paris, César savait lire, écrire et compter, mais son instruction en était restée là, car sa vie laborieuse l'avait empêché d'acquérir des idées et des connaissances étrangères au commerce de la parfumerie. Mêlé constamment à des gens à qui les sciences, les lettres étaient indifférentes, et dont l'instruction n'embrassait que des spécialités ; n'ayant pas de temps pour se livrer à des études élevées, le parfumeur devint un homme pratique. Il épousa forcément le langage, les erreurs, les opinions du bourgeois de Paris qui admire Molière, Voltaire et Rousseau sur parole, qui achète leurs œuvres sans les lire ; qui soutient que l'on doit dire *ormoire*, parce que les femmes serraient dans ces meubles leur *or* et leurs robes autrefois presque toujours en moire, et que l'on a dit par corruption *armoire*. Potier, Talma, mademoiselle Mars, étaient dix fois millionnaires et ne vivaient pas comme les autres humains : le grand tragédien mangeait de la chair crue, mademoiselle Mars faisait parfois fricasser des perles, pour imiter une célèbre actrice égyptienne. L'empereur avait dans ses gilets des poches en cuir pour pouvoir prendre son tabac par poignées, il montait à cheval au grand galop l'escalier de l'orangerie à Versailles. Les écrivains, les artistes mouraient à l'hôpital par suite de leurs originalités ; ils étaient tous athées, il fallait bien se garder de les recevoir chez soi. Joseph Lebas citait avec effroi l'histoire du mariage de sa belle-sœur Augustine avec le peintre Sommervieux. Les astronomes vivaient d'araignées. Ces points lumineux de leurs connaissances en langue française, en art dramatique, en politique, en littérature, en science, expliquent la portée de ces intelligences bourgeoises. Un poète, qui passe rue des Lombards, peut en y sentant quelques parfums rêver l'Asie; il admire des danseuses dans une chauderie en respirant du vétiver; frappé par l'éclat de la cochenille, il y retrouve les poèmes brahmes, les religions et leurs castes; en se heurtant contre de l'ivoire brut, il monte sur le dos des éléphans, dans une cage de mousseline, et y fait l'amour comme le roi de Lahore. Mais le petit commerçant ignore d'où viennent et où croissent les produits sur lesquels il opère. Birotteau parfumeur ne savait pas un iota d'histoire naturelle ni de chimie. En regardant Vauquelin comme un grand homme, il le considérait comme une exception, il était de la force de cet épicier retiré qui résumait ainsi une discussion sur la manière de faire venir le thé.

— Le thé ne vient que de deux manières, *par caravane* ou *par le Havre*, dit-il d'un air finaud.

Selon Birotteau, l'aloës et l'opium ne se trouvaient que rue des Lombards, l'eau de roses prétendue de Constantinople se faisait, comme l'eau de Cologne, à Paris. Ces noms de lieux étaient des bourdes inventées pour plaire aux Français qui ne peuvent supporter les choses de leur pays. Un marchand français devait dire sa découverte anglaise, afin de lui donner de la vogue, comme en Angleterre un droguiste attribue la sienne à la France. Néanmoins César ne pouvait jamais être entièrement sot ni bête : la probité, la bonté jetaient sur les actes de sa vie un reflet qui les rendait respectables, car une belle action fait accepter toutes les ignorances possibles. Son constant succès lui donna de l'assurance. A Paris l'assurance est acceptée pour le pouvoir dont elle est le signe. L'ayant apprécié durant les trois premières années de leur mariage, sa femme fut en proie à des transes continuelles : elle représentait dans cette union la partie sagace et prévoyante, le doute, l'opposition, la crainte, comme César y représentait l'audace, l'ambition, l'action, le bonheur inoui de la fatalité. Malgré les apparences le marchand était trembleur, tandis que sa femme avait en réalité de la patience et du courage. Ainsi un homme pusillanime, médiocre, sans instruction, sans idées, sans connaissances, sans caractère, et qui ne devait point réussir sur la place la plus glissante du monde, arriva par son esprit de conduite, par le sentiment du juste, par la bonté d'une ame vraiment chrétienne, par amour pour la seule femme qu'il eût possédée, à passer pour un homme remarquable, courageux et plein de résolution. Le public ne voyait que les résultats. Hors Pillerault et le juge Popinot, les personnes de sa société, ne le voyant que superficiellement, ne pouvaient le juger; d'ailleurs, les vingt ou trente amis qui se réunissaient entre eux disaient les mêmes niaiseries, répétaient les mêmes lieux communs, se regardaient tous comme des gens supérieurs dans leur partie. Les femmes faisaient assaut de bons dîners et de toilettes, chacune d'elles avait tout dit en disant un mot de mépris sur son mari; madame Birotteau seule avait le bon sens de traiter le sien avec honneur et respect en public, elle voyait en lui l'homme qui, malgré ses secrètes incapacités, avait gagné leur fortune et dont elle partageait la considération. Seulement, elle se demandait parfois ce qu'était le monde, si tous les hommes prétendus supérieurs ressemblaient à son mari. Sa conduite ne contribuait pas peu à maintenir l'estime respectueuse accordée au marchand, dans un pays où les femmes sont assez portées à déconsidérer leurs maris et à s'en plaindre.

Les premiers jours de l'année 1814, si fatale à la France impériale, furent signalés chez eux par deux événemens peu marquans dans tout autre ménage, mais de nature à impressionner des ames simples comme celles de César et de sa femme, qui, en jetant les yeux sur leur passé, n'y trouvaient que des émotions douces. Ils avaient pris pour premier commis un jeune homme de vingt-deux ans, nommé Ferdinand du Tillet. Ce garçon, qui sortait d'une maison de parfumerie où l'on avait refusé de l'intéresser dans les bénéfices, et qui passait pour un génie, se remua beaucoup pour entrer à la Reine des Roses dont il connaissait les êtres, les forces et les mœurs intérieures. Birotteau l'accueillit et lui donna mille francs d'appointemens avec l'intention d'en faire son successeur. Ferdinand eut sur les destinées de cette famille une si grande influence, qu'il est nécessaire d'en dire quelques mots.

D'abord, il se nommait simplement Ferdinand, sans nom de famille. Cette anonymie lui parut un immense avantage au moment où Napoléon pressa les familles pour y trouver des soldats. Il était cependant né quelque part, par le fait de quelque cruelle et voluptueuse fantaisie. Voici le peu de renseignemens recueillis sur son état civil. En 1793, une pauvre fille du Tillet, petit endroit situé près des Andelys, était venue accoucher nuitamment dans le jardin du desservant de l'église du Tillet, et s'alla noyer, après avoir frappé aux volets. Le bon prêtre recueillit l'enfant, lui donna le nom du saint inscrit au calendrier ce jour-là, le nourrit et l'éleva comme son enfant. Le curé mourut en 1804, sans laisser une succession assez opulente pour suffire à l'éducation qu'il avait commencée. Ferdinand jeté dans Paris, y mena une existence de flibustier dont les hasards pouvaient le mener à l'échafaud ou à la fortune, au barreau, dans l'armée, au commerce, à la domesticité. Ferdinand obligé de vivre en vrai Figaro, devint commis-voyageur, puis commis parfumeur à Paris où il revint après avoir parcouru la France, étudié le monde, et pris son parti d'y réussir à tout prix. En 1813, il jugea nécessaire de constater son âge et de se donner un état civil, en requérant au tribunal des Andelys un jugement qui fît passer son acte de baptême des registres du presbytère sur ceux de la mairie, et il y obtint une rectification en demandant qu'on y insérât le nom de du Tillet sous lequel il s'était fait connaître, autorisé par le fait de son exposition dans la commune.

Sans père ni mère, sans autre tuteur que le procureur impérial, seul dans le monde, ne devant de comptes à personne, il traita la société de Turc à More en la trouvant marâtre. Il ne connut d'autre guide que son intérêt, et tous les moyens de fortune lui semblèrent bons. Ce Normand armé de capacités dangereuses joignait à son envie de parvenir les âpres défauts reprochés à tort ou à raison aux natifs de sa province. Des manières patelines faisaient passer son esprit chicanier, car c'était le plus rude férailleur judiciaire; mais s'il contestait audacieusement le droit d'autrui, il ne cédait rien sur le sien, il prenait son adversaire par le temps, il le lassait par une inflexible volonté. Son principal mérite consistait en celui des Scapins de la vieille comédie, il possédait leur fertilité de ressources, leur adresse à côtoyer l'injuste, leur démangeaison de prendre ce qui était bon à garder. Enfin il comptait appliquer à son indigence le mot que l'abbé Terray disait au nom de l'état, quitte à devenir plus tard honnête homme. Il avait une activité passionnée, une intrépidité militaire à demander à tout le monde une bonne comme une mauvaise action, en justifiant sa demande par la théorie de l'intérêt personnel. Il méprisait trop les hommes en les croyant tous corruptibles, il était trop peu délicat sur le choix des moyens en les trouvant tous bons, il regardait trop fixement le succès et l'argent comme l'absolution du mécanisme moral, pour ne pas réussir tôt ou tard. Un pareil homme, placé entre le bagne et des millions, devait être vindicatif, absolu, rapide dans ses déterminations, mais dissimulé comme un Cromwell qui voulait couper la tête à la Probité. Sa profondeur était cachée sous un esprit railleur et léger. Simple commis parfumeur, il ne mettait point de bornes à son ambition, il avait embrassé la société par un coup d'œil haineux en se disant : — Tu seras à moi! et il s'était juré à lui-même de ne se marier qu'à quarante ans. Il se tint parole. Malgré son immense fortune, il est encore aujourd'hui garçon, attendant sans doute le développement d'une réputation d'honneur et d'une fortune que ni la médisance ni la calomnie n'ont atteintes.

Au physique, Ferdinand était un jeune homme élancé, de taille agréable et de manières mixtes qui lui permettaient de prendre au besoin le diapason de toutes les sociétés. Sa figure chafouine plaisait à la première vue; mais plus tard, en le pratiquant, on y surprenait les expressions étranges qui se peignent à la surface des gens mal avec eux-mêmes, ou dont la conscience grogne à certaines heures. Son teint très ardent sous la peau molle des Normands avait une couleur aigre. Le regard de ses yeux vairons doublés d'une feuille d'argent était fuyant, mais terrible quand il l'arrêtait droit sur sa victime. Sa voix semblait éteinte comme celle d'un homme qui a long-temps parlé. Ses lèvres minces ne manquaient pas de grace, mais son nez pointu, son front légèrement bombé trahissaient un défaut de race. Enfin ses cheveux, d'une coloration semblable à celle des cheveux teints en noir, indiquaient un métis social qui tirait son esprit d'un grand seigneur libertin, sa bassesse d'une paysanne séduite, ses connaissances d'une éducation inachevée, et ses vices de son état d'abandon.

Birotteau apprit avec le plus profond étonnement que son commis sortait très-élégamment mis, rentrait fort tard, allait au bal chez des banquiers ou chez des notaires. Ces mœurs déplurent à César : dans ses idées, les commis devaient étudier les livres de leur maison, et penser exclusivement à leur partie ; le parfumeur se choqua de niaiseries, il reprocha doucement à du Tillet de porter du linge trop fin, d'avoir des cartes sur lesquelles son nom était gravé ainsi : F. du Tillet ; mode dans sa jurisprudence commerciale qui appartenait exclusivement aux gens du monde. Ferdinand était venu chez cet Orgon dans les intentions de Tartufe : il fit la cour à madame César, tenta de la séduire, et jugea son patron comme elle le jugeait elle-même, mais avec une effrayante promptitude. Quoique discret, réservé, ne disant que ce qu'il voulait dire, du Tillet dévoila ses opinions sur les hommes et la vie, de manière à épouvanter une femme timorée qui partageait les religions de son mari, et regardait comme un crime de causer le plus léger tort au prochain. Malgré l'adresse dont usa madame Birotteau, du Tillet devina le mépris qu'il inspirait. Constance, à qui Ferdinand avait écrit quelques lettres d'amour, aperçut bientôt un changement dans les manières de son commis, qui prit avec elle des airs avantageux, pour faire croire à leur bonne intelligence. Sans instruire son mari de ses raisons secrètes, elle lui conseilla de renvoyer Ferdinand. Birotteau se trouva d'accord avec sa femme en ce point. Le renvoi du commis fut résolu. Trois jours avant de le congédier, par un samedi soir, Birotteau fit le compte mensuel de sa caisse, et y trouva trois mille francs de moins. Sa consternation fut affreuse, moins pour la perte que pour les soupçons qui planaient sur trois commis, une cuisinière, un garçon de magasin et des ouvriers atitrés. A qui s'en prendre? madame Birotteau ne quittait point le comptoir. Le commis chargé de la caisse était un neveu de M. Ragon, nommé Popinot, jeune homme de dix-neuf ans, logé chez eux, la probité même. Ses chiffres, en désaccord avec la somme en caisse, accusaient le déficit et indiquaient que la soustraction avait été faite après la balance. Les deux époux résolurent de se taire et de surveiller la maison. Le lendemain dimanche, ils recevaient leurs amis. Les familles qui composaient cette espèce de coterie se festoyaient à tour de rôle. En jouant à la bouillotte, Roguin le notaire mit sur le tapis de vieux louis que madame César avait reçus quelques jours auparavant d'une nouvelle mariée, madame d'Espard.

— Vous avez volé un tronc! dit en riant le parfumeur.

Roguin dit avoir gagné cet argent chez un banquier à du Tillet, qui confirma la réponse du notaire, sans rougir. Le parfumeur, lui, devint pourpre. La soirée finie, au moment où Ferdinand alla se coucher, Birotteau l'emmena dans le magasin, sous prétexte de parler affaire.

— Du Tillet, lui dit le brave homme, il manque trois mille francs à ma caisse, et je ne puis soupçonner personne; la circonstance des vieux louis semble être trop contre vous pour que je ne vous en parle point; aussi ne nous coucherons-nous pas sans avoir trouvé l'erreur, car après tout ce ne peut-être qu'une erreur. Vous pouvez bien avoir pris quelque chose en compte sur vos appointemens.

Du Tillet dit effectivement avoir pris les louis. Le parfumeur alla ouvrir son grand livre, le compte de son commis ne se trouvait pas encore débité.

— J'étais pressé, je devais faire écrire la somme par Popinot, dit Ferdinand.

— C'est juste, dit Birotteau bouleversé par la froide insouciance du Normand qui connaissait bien les braves gens chez lesquels il était venu dans l'intention d'y faire fortune.

Le parfumeur et son commis passèrent la nuit en vérifications que le digne marchand savait inutiles. En allant et venant, César glissa trois billets de banque de mille francs dans la caisse en les collant contre la bande du tiroir, puis il feignit d'être accablé de fatigue, parut dormir et ronfla. Du Tillet le réveilla triomphalement, et afficha une joie excessive d'avoir éclairci l'erreur. Le lendemain, Birotteau gronda publiquement le petit Popinot, sa femme, et se mit en colère à propos de leur négligence. Quinze jours après, Ferdinand du Tillet entra chez un agent de change. La parfumerie ne lui convenait pas, dit-il, il voulait étudier la banque. En sortant de chez Birotteau, du Tillet parla de madame César de manière à faire croire que son patron l'avait renvoyé par jalousie.

Quelques mois après, du Tillet vint voir son ancien patron, et réclama de lui sa caution pour vingt mille francs, afin de compléter les garanties qu'on lui demandait dans une affaire qui le mettait sur le chemin de la fortune. En remarquant la surprise que Birotteau manifesta de cette effronterie, du Tillet fronça le sourcil et lui demanda s'il n'avait pas confiance en lui. Matifat et deux négocians en affaires avec Birotteau remarquèrent l'indignation du parfumeur qui réprima sa colère en leur présence. Du Tillet était peut-être redevenu honnête homme, sa faute pouvait avoir été causée par une maîtresse au désespoir ou par une tentative au jeu, la réprobation publique d'un honnête homme allait jeter dans une voie de crimes et de malheurs un homme encore jeune et peut-être sur la voie du repentir. Cet ange prît alors la plume et fit un aval sur les billets de du Tillet en lui disant qu'il rendait de grand cœur ce léger service à un garçon qui lui avait été très-utile. Le sang lui montait au visage en faisant ce mensonge officieux. Du Tillet ne soutint pas le regard de cet homme, et lui voua sans doute en ce moment cette haine sans trève que les anges des ténèbres ont conçue contre les anges de lumière. Du Tillet tint si bien le balancier en dansant sur la corde raide des spéculations financières, qu'il resta toujours élégant et riche en apparence avant de l'être en réalité. Dès qu'il eut un cabriolet, il ne le quitta plus ; il se maintint dans la sphère élevée des gens qui mêlent les plaisirs aux affaires, en faisant du foyer de l'Opéra la succursale de la Bourse, les Turcarets de l'époque. Grace à Madame Roguin, qu'il connut chez Birotteau, il se répandit promptement parmi les gens de finance les plus haut placés. En ce moment, Ferdinand du Tillet était arrivé à une prospérité qui n'avait rien de mensonger. Au mieux avec la maison Nucingen où Roguin l'avait fait admettre, il s'était lié promptement avec les frères Keller, avec la haute banque. Personne ne savait d'où lui venaient les immenses capitaux qu'il faisait mouvoir, mais chacun attribuait son bonheur à son intelligence et à sa probité.

La restauration fit un personnage de César, à qui naturellement le tourbillon des crises politiques ôta la mémoire de ces deux accidens domestiques. L'immutabilité de ses opinions royalistes, auxquelles il était devenu fort indifférent depuis sa blessure, mais dans lesquelles il avait persisté par décorum, le souvenir de son dévoûment en vendémiaire lui valurent de hautes protections, précisément parce qu'il ne demanda rien. Il fut nommé chef de bataillon dans la garde nationale, quoiqu'il fût incapable de répéter le moindre mot de commandement. En 1815, Napoléon, toujours ennemi de Birotteau, le destitua. Durant les Cent-Jours, Birotteau devint *la bête noire* des libéraux de son quartier, car en 1815 seulement commencèrent les scissions politiques entre les négocians, jusqu'alors unanimes dans leurs vœux de tranquillité dont les affaires avaient besoin. A la seconde restauration, le gouvernement royal dut remanier le corps municipal. Le préfet voulut nommer Birotteau maire. Grace à sa femme, le parfumeur accepta seulement la place d'adjoint qui le mettait moins en évidence. Cette modestie augmenta beaucoup l'estime qu'on lui portait généralement et lui valut l'amitié du maire, M. Flamet de La Billardière. Birotteau, qui l'avait vu venir à la Reine des Roses, au temps où la boutique servait d'entrepôt aux conspirations royalistes, le désigna lui-même au préfet de la Seine, qui le consulta sur le choix à faire. M. et madame Birotteau ne furent jamais oubliés dans les invitations du maire. Enfin madame César quêta souvent à Saint-Roch, en belle et bonne compagnie. La Billardière servit chaudement Birotteau quand il fut question de distribuer au corps municipal les croix accordées, en appuyant sur sa blessure reçue à Saint Roch, sur son attachement aux Bourbons et sur la considération dont il jouissait. Le ministère, qui voulait, tout en prodiguant la croix de la Légion-d'Honneur afin d'abattre l'œuvre de Napoléon, se faire des créatures et rallier aux Bourbons les différens commerces, les hommes d'art et de science, comprit donc Birotteau dans la prochaine promotion. Cette faveur, en harmonie avec l'éclat que jetait Birotteau dans son arrondissement, le plaçaient dans une situation où durent s'agrandir les idées d'un homme à qui jusqu'alors tout avait réussi. La nouvelle que le maire lui avait donnée de sa promotion fut le dernier argument qui décida le parfumeur à se lancer dans l'opération qu'il venait d'exposer à sa femme, afin de quitter au plus vite la parfumerie, et s'élever aux régions de la haute bourgeoisie de Paris.

César avait alors quarante ans. Les travaux auxquels il se livrait dans sa fabrique lui avaient donné quelques rides prématurées, et avaient légèrement argenté la longue chevelure touffue que la pression de son chapeau lustrait circulairement. Son front, où par la manière dont ils étaient plantés ses cheveux dessinaient cinq pointes, annonçait la simplicité de sa vie. Ses gros sourcils n'effrayaient point, car ses yeux bleus s'harmoniaient par leur limpide regard toujours franc à son front d'honnête homme. Son nez cassé à la naissance et gros du bout lui donnait l'air étonné des gobe-mouches de Paris. Ses lèvres étaient très lippues, et son grand menton tombait droit. Sa figure fortement colorée, à contours carrés, offrait par la disposition des rides, par l'ensemble de la physionomie, le caractère ingénûment rusé du paysan. La force générale du corps, la grosseur des membres, la carrure du dos, la largeur des pieds, tout dénotait d'ailleurs le villageois transplanté dans Paris. Ses mains larges et poilues, les grasses phalanges de ses doigts ridés, ses grands ongles carrés eussent attesté son origine, s'il n'en était pas demeuré des vestiges dans toute sa personne. Il avait sur les lèvres le sourire de bienveillance que prennent les marchands quand vous entrez chez eux ; mais ce sourire commercial était l'image de son contentement intérieur et peignait l'état de son ame douce. Sa défiance ne dépassait jamais les affaires, sa ruse le quittait sur le seuil de la Bourse ou quand il fermait son grand-livre, car le soupçon était pour lui ce qu'étaient ses factures imprimées, une nécessité de la vente elle-même. Sa figure offrait une sorte d'assurance comique, de fatuité mêlée de bonhomie qui le rendait original à voir en lui évitant une ressemblance trop complète avec la plate figure du bourgeois parisien. Sans cet air de naïve admiration et de foi en sa personne, il eût imprimé trop de respect; il se rapprochait ainsi des hommes en payant sa quote part de ridicule. Habituellement en parlant il se croisait les mains derrière le dos. Quand il croyait avoir dit quelque chose de galant ou de saillant, il se levait imperceptiblement sur la pointe des pieds, à deux reprises, et retombait sur ses talons lourdement, comme pour appuyer sur sa phrase. Au fort d'une discussion, on le voyait quelquefois tourner sur lui-même brusquement, faire quelques pas comme s'il allait chercher des objections et revenir sur son adversaire par un mouvement brusque. Il n'interrompait jamais, et se trouvait souvent victime de cette exacte observation des convenances, car les autres s'arrachaient la parole, et le bonhomme quittait la place sans avoir pu dire un mot. Sa grande expérience des affaires commerciales lui avait donné des habitudes taxées de manies par quelques personnes. Si quelque billet n'était pas payé, il l'envoyait à l'huissier et ne s'en occupait plus que pour recevoir le capital, l'intérêt et les frais, l'huissier devait poursuivre jusqu'à ce que le négociant fût en faillite; César cessait alors toute procédure, ne comparaissait à aucune assemblée de créanciers et gardait ses titres. Ce système et son implacable mépris pour les faillis lui venaient de M. Ragon qui, dans le cours de sa vie commerciale, avait fini par apercevoir une si grande perte de temps dans les affaires litigieuses, qu'il regardait le maigre et incertain dividende donné par les concordats comme amplement regagné par l'emploi du temps qu'on ne perdait point à aller, venir, faire des démarches et courir après les excuses de l'improbité.

— Si le failli est honnête homme et se refait, il vous paiera, disait M. Ragon. S'il reste sans ressources et qu'il soit purement malheureux, pourquoi le tourmenter? si c'est un fripon, vous n'aurez jamais rien. Votre sévérité connue vous fait passer pour intraitable, et comme il est impossible de transiger avec vous, tant que l'on peut payer, c'est vous qu'on paie.

César arrivait à un rendez-vous à l'heure dite,

mais dix minutes après, il partait avec une inflexibilité que rien ne faisait plier ; aussi son exactitude rendait-elle exacts les gens qui traitaient avec lui.

Le costume qu'il avait adopté concordait à ses mœurs et sa physionomie. Aucune puissance ne l'eût fait renoncer aux cravates de mousseline blanche dont les coins brodés par sa femme ou sa fille lui pendaient sous le cou. Son gilet de piqué blanc boutonné carrément descendait très bas sur son abdomen assez proéminent, car il avait un léger embonpoint. Il portait un pantalon bleu, des bas de soie noire et des souliers à rubans dont les nœuds se défaisaient souvent. Sa redingote vert-olive toujours trop large, et son chapeau à grands bords lui donnaient l'air d'un quaker. Quand il s'habillait pour les soirées du dimanche, il mettait une culote de soie, des souliers à boucles d'or, et son infaillible gilet carré dont les deux bouts s'entr'ouvraient alors afin de montrer le haut de son jabot plissé. Son habit de drap marron était à grands pans et à longues basques. Il conserva, jusqu'en 1819, deux chaînes de montre qui pendaient parallèlement, mais il ne mettait la seconde que quand il s'habillait.

Tel était César Birotteau, digne homme à qui les mystères qui président à la naissance des hommes avaient refusé la faculté de juger l'ensemble de la politique et de la vie, de s'élever au dessus du niveau social sous lequel vit la classe moyenne, qui suivait en toute chose les erremens de la routine, car toutes ses opinions lui avaient été communiquées, et il les appliquait sans examen. Aveugle mais bon, peu spirituel mais profondément religieux, il avait un cœur pur. Dans ce cœur brillait un seul amour, la lumière et la force de sa vie; car son désir d'élévation, le peu de connaissances qu'il avait acquises, tout venait de son affection pour sa femme et pour sa fille.

Quand à madame César, alors âgée de trente-sept ans, elle ressemblait si parfaitement à la Vénus de Milo, que tous ceux qui la connaissaient virent son portrait dans cette belle statue, quand le duc de Rivière l'envoya. En quelques mois, les chagrins passèrent si promptement leurs teintes jaunes sur son éblouissante blancheur, creusèrent et noircirent si cruellement le cercle bleuâtre où jouaient ses beaux yeux verts, qu'elle eut l'air d'une vieille madone, car elle conserva toujours, au milieu de ses ruines, une douce candeur, un regard pur quoique triste, et il fut impossible de ne pas la trouver toujours belle femme, d'un maintien sage et plein de décence. Au bal prémédité par César, elle devait jouir d'ailleurs d'un dernier éclat de beauté qui fut remarqué.

Toute existence a son apogée, une époque pendant laquelle les causes agissent et sont en rapport exact avec les résultats. Ce midi de la vie où les forces vives s'équilibrent et se produisent dans tout leur éclat, est non seulement commun aux êtres organisés, mais encore aux cités, aux nations, aux idées, aux institutions, aux commerces, aux entreprises qui, semblables aux races nobles et aux dynasties, naissent, s'élèvent et tombent. D'où vient la rigueur avec laquelle ce thème de croissance et de décroissance s'applique à tout ce qui s'organise ici bas, car la mort elle-même a, dans les temps de fléau, son progrès, son ralentissement, sa recrudescence et son sommeil? Notre globe lui-même est peut-être une fusée un peu plus durable que les autres. L'Histoire, en redisant les causes de la grandeur et de la décadence de tout ce qui fut ici bas, pourrait avertir l'homme du moment où il doit arrêter le jeu de toutes ses facultés: mais ni les conquérans, ni les acteurs, ni les femmes, ni les auteurs n'en écoutent la voix salutaire.

César Birotteau, qui devait se considérer comme étant à l'apogée de sa fortune, prenait ce temps d'arrêt comme un nouveau point de départ, il ne savait pas, et d'ailleurs ni les nations ni les rois n'ont tenté d'écrire en caractères ineffaçables la cause de ces renversemens dont l'histoire est grosse, dont tant de maisons souveraines ou commerciales offrent de si grands exemples. Pourquoi de nouvelles pyramides ne rappelleraient-elles pas incessamment ce principe qui doit dominer la politique des nations aussi bien que celle des particuliers:

QUAND L'EFFET PRODUIT N'EST PLUS EN RAPPORT DIRECT NI EN PROPORTION ÉGALE AVEC SA CAUSE, LA DÉSORGANISATION COMMENCE.

Mais ces monumens existent partout, ce sont les traditions et les pierres qui nous parlent du passé, qui consacrent les caprices de l'indomptable Destin, dont la main efface nos songes et nous prouve que les plus grands événemens se résument dans une idée. Troie et Napoléon ne sont que des poèmes. Puisse cette histoire être le poème des vicissitudes bourgeoises auxquelles nulle voix n'a songé, tant elles semblent dénuées de grandeur, tandis qu'elles sont au même titre immenses : il ne s'agit pas d'un seul homme ici, mais de tout un peuple de douleurs.

CHAPITRE III.

LES GERMES DU MALHEUR.

En s'endormant, César craignit que le lendemain sa femme ne lui fît quelques objections péremptoires, et s'ordonna de se lever de grand matin pour tout résoudre. Au petit jour, il sortit donc sans bruit, laissa sa femme au lit, s'habilla lestement, et descendit au magasin, au moment où le garçon en ôtait les volets numérotés. Birotteau se voyant seul attendit le lever de ses commis et se mit sur le pas de sa porte en examinant comment son garçon de peine nommé Raguet s'acquittait de ses fonctions, et Birotteau s'y connaissait ! Malgré le froid, le temps était superbe.

— Popinot, va prendre ton chapeau, mets tes souliers, fais descendre M. Célestin, nous allons causer tous deux aux Tuileries, dit-il en voyant descendre Anselme.

Popinot, cet admirable contrepied de du Tillet, et qu'un de ces heureux hasards qui font croire à la Providence avait mis auprès de César, joue un si grand rôle dans cette histoire qu'il est nécessaire de le profiler ici.

Madame Ragon était une demoiselle Popinot. Elle avait deux frères. L'un, le plus jeune de la famille, se trouvait alors juge suppléant au tribunal de première instance de la Seine. L'aîné avait entrepris le commerce des laines brutes, y avait mangé sa fortune et mourut en laissant à la charge des Ragon et de son frère le juge qui n'avait pas d'enfans, son fils unique déjà privé d'une mère morte en couches. Pour donner un état à son neveu, madame Ragon l'avait mis dans la parfumerie en espérant le voir succéder à Birotteau. Anselme Popinot était petit et pied-bot, infirmité que le hasard a donnée à lord Byron, à Walter-Scott, à M. de Talleyrand, pour ne pas décourager ceux qui en sont affligés ; il avait ce teint éclatant et plein de taches de rousseur qui distingue les gens dont les cheveux sont rouges ; mais son front pur, ses yeux de la couleur des agates grises-veinées, sa jolie bouche, sa blancheur et la grace d'une jeunesse pudique, la timidité que lui inspirait son vice de conformation réveillaient à son profit des sentimens protecteurs : on aime les faibles, Popinot intéressait. Le petit Popinot, tout le monde l'appelait ainsi, tenait à une famille essentiellement religieuse, où les vertus étaient intelligentes, où la vie était modeste et pleine de belles actions. Aussi l'enfant, élevé par son oncle le juge, offrait-il en lui la réunion des qualités qui rendent la jeunesse si belle : sage et affectueux, un peu honteux mais plein d'ardoux, doux comme un mouton mais courageux au travail, dévoué, sobre ; il était doué de toutes les vertus d'un chrétien des premiers temps de l'Église.

En entendant parler d'une promenade aux Tuileries, la proposition la plus excentrique que pût faire à cette heure son imposant patron, Popinot crut qu'il voulait lui parler d'établissement, le commis pensa soudain à Césarine, la véritable reine des Roses, l'enseigne vivante de la maison et de laquelle il s'éprit le jour même où, deux mois avant du Tillet, il était entré chez Birotteau. En montant l'escalier, il fut donc obligé de s'arrêter, son cœur se gonflait trop, ses artères battaient trop violemment ; il descendit bientôt suivi de Célestin, le premier commis de Birotteau. Anselme et son patron cheminèrent sans mot dire vers les Tuileries. Popinot avait alors vingt et un ans, Birotteau s'était marié à cet âge, Anselme ne voyait donc aucun empêchement à son mariage avec Césarine, quoique la fortune du parfumeur et la beauté de sa fille fussent d'immenses obstacles à la réussite de vœux aussi ambitieux ; mais l'amour procède par les élans de l'espérance, et plus ils sont insensés, plus il y ajoute foi ; aussi plus sa maîtresse se trouvait loin de lui, plus ses désirs étaient-ils vifs. Heureux enfant qui, par un temps où tout se nivelle, où tous les chapeaux se ressemblent, réussissait à créer des distances entre la fille d'un parfumeur et lui, rejeton d'une vieille famille parisienne ! Malgré ses doutes, ses inquiétudes, il était heureux : il dînait tous les jours auprès de Césarine ! puis en s'appliquant aux affaires de la maison, il y mettait un zèle, une ardeur qui dépouillait le travail de toute amertume ; en faisant tout au nom de Césarine, il n'était jamais fatigué. Chez un jeune homme de vingt ans, l'amour se repaît de dévouement !

— Ce sera un négociant, il parviendra, disait de lui César à madame Ragon en vantant l'activité d'Anselme au milieu des *mises* de la fabrique, en louant son aptitude à comprendre les finesses de l'art, en rappelant l'âpreté de son travail dans les momens où les expéditions donnaient, et où les manches retroussées, les bras nus, le boîteux emballait et clouait à lui seul plus de caisses que les autres commis.

Les prétentions connues et avouées d'Alexandre Crottat, premier clerc de Roguin, la fortune de son père, riche fermier de la Brie, formaient des obstacles bien grands au triomphe de l'orphelin; mais ces difficultés n'étaient cependant point encore les plus âpres à vaincre : Popinot ensevelissait au fond de son cœur de tristes secrets qui agrandissaient l'intervalle mis entre Césarine et lui ; la fortune des Ragon, sur laquelle il aurait pu compter, était compromise; l'orphelin avait le bonheur de les aider à vivre en leur apportant ses maigres appointemens. Cependant il croyait au succès! il avait cru plusieurs fois saisir quelques regards jetés avec un apparent orgueil sur lui par Césarine; au fond de ses yeux bleus, il avait osé lire une secrète pensée pleine de caressantes espérances. Il allait donc, travaillé par son espoir du moment, tremblant, silencieux, ému, comme pourraient l'être en semblable occurrence tous les jeunes gens pour qui la vie est en bourgeon.

— Popinot, lui dit le brave marchand, ta tante va-t-elle bien ?

— Oui, monsieur.

— Cependant elle me paraît soucieuse depuis quelque temps, y aurait-il quelque chose qui clocherait chez elle ? Écoute-moi, garçon, faut pas trop faire le mystérieux avec moi, je suis quasi de la famille, voilà vingt-cinq ans que je connais ton oncle Ragon. Je suis entré chez lui en gros souliers ferrés, arrivant de mon village. Quoique l'endroit s'appelle *les Trésorières*, j'avais pour toute fortune un louis d'or que m'avait donné ma marraine, feue madame la marquise d'Uxelles, une parente à M. le duc et madame la duchesse de Lenoncourt qui sont de nos pratiques. Aussi ai-je prié tous les dimanches pour elle et pour toute sa famille, j'envoie en Touraine à sa nièce madame de Mortsauf toutes ses parfumeries. Il me vient toujours des pratiques par eux, comme par exemple M. de Vandenesse, qui prend pour douze cents francs. On ne serait pas reconnaissant par bon cœur, on devrait l'être par calcul : mais je te veux du bien sans arrière-pensée et pour toi.

— Ah ! monsieur, vous aviez, si vous me permettez de vous le dire, une fière caboche.

— Non, mon garçon, non, cela ne suffit point. Je ne dis pas que ma caboche n'en vaille pas une autre ; mais j'avais de la probité, *mordicus!* mais j'ai eu de la conduite, mais n'ai jamais aimé que ma femme. L'amour est un fameux *véhicule*, un mot heureux qu'a employé hier M. de Villèle à la tribune.

— L'amour ! dit Popinot. Oh ! monsieur, est-ce que.....

— Tiens, tiens, voilà le père Roguin qui vient à pied par le haut de la place Louis XV, à huit heures. Qu'est-ce que le bon homme fait donc là ? se dit César en oubliant Anselme Popinot et l'huile de noisette.

Les suppositions de sa femme lui revinrent à la mémoire, et au lieu d'entrer dans le jardin des Tuileries, Birotteau s'avança vers le notaire pour le rencontrer. Anselme suivit son patron à distance, sans pouvoir s'expliquer le subit intérêt qu'il prenait à une chose en apparence aussi peu importante; mais très heureux des encouragemens qu'il trouvait dans le dire de César sur ses souliers ferrés, son louis d'or et l'amour.

Roguin, grand et gros homme bourgeonné, le front très découvert, à cheveux noirs, ne manquait pas jadis de physionomie, il avait été audacieux et jeune, car de petit-clerc il était devenu notaire; mais en ce moment son visage offrait aux yeux d'un habile observateur les tiraillemens, les fatigues de plaisirs cherchés. Lorsqu'un homme se plonge dans la fange des excès, il est difficile que sa figure ne soit pas fangeuse en quelque endroit; aussi les contours des rides, la chaleur du teint étaient-ils chez Roguin sans noblesse; au lieu de cette lueur pure qui flambe sous les tissus des hommes contenus, et leur imprime une fleur de santé, l'on entrevoyait chez lui l'impureté d'un sang fouetté par des efforts contre lesquels regimbe le corps. Son nez était ignoblement retroussé, comme celui des gens chez lesquels les humeurs, en prenant la route de cet organe, produisent une infirmité secrète qu'une vertueuse reine de France croyait naïvement être un malheur commun à l'espèce, n'ayant jamais approché d'autre homme que le roi d'assez près pour reconnaître son erreur. En prisant beaucoup de tabac d'Espagne, Roguin avait cru dissimuler son incommodité, il en avait augmenté les inconvéniens qui furent la principale cause de ses malheurs. N'est-ce pas une flatterie sociale un peu trop prolongée que de toujours peindre les hommes sous de fausses couleurs, et de ne pas révéler quelques-uns des vrais principes de leurs vicissitudes, si souvent causées par la maladie. Le mal physique, considéré dans ses ravages moraux, examiné dans ses influences sur le mécanisme de la vie, a peut-être été jusqu'ici trop négligé par les historiens des mœurs. Madame César avait bien deviné le secret du ménage. Dès la première nuit de ses noces, la belle madame Roguin avait conçu pour le pauvre notaire une insurmontable antipathie, et voulut aussitôt requérir le divorce. Trop heureux d'avoir une femme riche de cinq cent mille francs sans compter les espérances, Roguin avait supplié sa femme de ne pas intenter une action en divorce, en la laissant libre et se soumettant à toutes les conséquences d'un pareil pacte. Madame Roguin, devenue souveraine maîtresse, se conduisit avec son mari comme une courtisane avec un vieil amant. Roguin trouva bientôt sa femme trop chère, et, comme beaucoup de maris parisiens, il eut un second ménage en ville. D'abord contenue dans de sages bornes, cette dépense fut médiocre. Primitivement, Roguin rencontra sans grands frais des grisettes très heureuses de sa protection; mais depuis trois ans il était rongé par une de ces indomptables passions qui envahissent les hommes entre cinquante et soixante ans, et que justifiait l'une des plus magnifiques créatures de ce temps, connue dans les fastes de la prostitution sous le sobriquet de la belle Hollandaise, car elle allait retomber dans ce gouffre où sa mort l'illustra. Elle avait été jadis amenée de Bruges à Paris par un des cliens de Roguin, qui, forcé de partir par suite des événemens politiques, lui en fit présent en 1815. Le notaire avait acheté pour sa belle une petite maison aux Champs-Elysées, l'avait richement meublée et s'était laissé entraîner à satisfaire les coûteux caprices de cette femme dont les profusions absorbèrent sa fortune. L'air sombre empreint sur la physionomie de Roguin, et qui se dissipa quand il vit son client, tenait à des événemens mystérieux où se trouvaient les secrets de la fortune si rapidement faite par du Tillet.

Le plan formé par du Tillet changea dès le premier dimanche où il put observer chez son patron la situation respective de M. et madame Roguin. Il était venu moins pour séduire madame César que pour se faire offrir la main de Césarine en dédommagement d'une passion rentrée, et il eut d'autant moins de peine à renoncer à ce mariage, qu'il avait cru César riche et le trouvait pauvre. Il espionna le notaire, s'insinua dans sa confiance, se fit présenter chez la belle Hollandaise, y étudia dans quels termes elle était avec Roguin, et apprit qu'elle menaçait de remercier son amant, s'il lui rognait son luxe. La belle Hollandaise était de ces femmes folles qui ne s'inquiètent jamais d'où vient l'argent ni comment il s'acquiert, et qui donneraient une fête avec les écus d'un parricide. Elle ne pensait jamais le lendemain à la veille. Pour elle l'avenir était son après dîner, et la fin du mois l'éternité, quand même elle avait des mémoires à payer. Charmé de rencontrer un premier levier, du Tillet commença par obtenir de la belle Hollandaise qu'elle aimât Roguin pour trente mille francs par an au lieu de cinquante mille, service que les vieillards passionnés oublient rarement.

Après un souper très aviné, Roguin s'ouvrit à du Tillet sur sa crise financière. Ses immeubles étant absorbés par l'hypothèque légale de sa femme, il avait été conduit par sa passion à prendre dans les fonds de ses cliens une somme déjà supérieure à la moitié de sa charge. Quand le reste serait dévoré, l'infortuné Roguin se brûlerait la cervelle, car il croyait diminuer l'horreur de la faillite en imposant la pitié publique. Du Tillet aperçut une fortune rapide et sûre qui brilla comme un éclair dans la nuit de l'ivresse, il rassura Roguin et le paya de sa confiance en lui faisant tirer ses pistolets en l'air.

—En se hasardant ainsi, lui dit-il, un homme de votre portée ne doit pas se conduire comme un sot et marcher à tâtons, mais opérer hardiment.

Il lui conseilla de prendre dès à présent une forte somme, de la lui confier pour être jouée avec audace dans une partie quelconque, à la Bourse, ou dans quelque spéculation choisie entre les mille qui s'entreprenaient alors. En cas de gain ils fonderaient à eux deux une maison de banque où l'on tirerait parti des dépôts et dont les bénéfices lui serviraient à contenter sa passion. Si la chance tournait contre eux, Roguin irait vivre à l'étranger au lieu de se tuer, parce que *son* du Tillet lui serait fidèle jusqu'au dernier sou. C'était une corde à portée de main pour un homme qui se noyait, et Roguin ne s'aperçut pas que le commis parfumeur la lui passait autour du cou. Maître du secret de Roguin, du Tillet s'en servit pour établir à la fois son pouvoir sur la femme, sur la maîtresse et sur le mari. Prévenue d'un désastre qu'elle était loin de soupçonner, madame Roguin accepta les soins de du Tillet, qui sortit alors de chez le parfumeur, sûr de son avenir. Il n'eut pas de peine à convaincre la maîtresse de risquer une somme afin de ne jamais être obligée de recourir à la prostitution, s'il lui arrivait quelque malheur. La femme régla ses affaires, amassa promptement un petit capital, et le remit à un homme en qui son mari se fiait, car le notaire donna d'abord cent mille francs à son complice. Placé près de madame Roguin de manière à transformer les intérêts de cette belle femme en affection, du Tillet sut lui inspirer la plus violente passion. Ses trois commanditaires lui constituèrent naturellement une part; mais mécontent de cette part, il eut l'audace en les faisant jouer à la Bourse de s'entendre avec un adversaire qui lui rendait le montant des pertes supposées, car il joua pour ses cliens et pour lui-même. Aussitôt qu'il eut cinquante mille francs, il fut sûr de faire une grande fortune, il porta le coup d'œil d'aigle qui le caractérise dans les phases où se trouvait alors la France : il joua la baisse pendant la campagne de France, et la hausse au retour des Bourbons. Deux mois après la rentrée de Louis XVIII, madame Roguin possédait deux cent mille francs, et du Tillet cent mille écus. Le notaire, aux yeux de qui ce jeune homme était un ange, avait rétabli l'équilibre dans ses affaires. La belle Hollandaise dissipait tout, elle était la proie d'un infâme cancer, nommé Maxime de Trailles, ancien page de l'empereur. Du Tillet découvrit le véritable nom de cette fille en faisant un acte avec elle, elle se nommait Sarah Gobseck. Frappé de la coïncidence de ce nom avec celui d'un usurier dont il avait entendu parler, il alla chez ce vieil escompteur, la providence des enfans de famille, afin de reconnaître jusqu'où pourrait aller sur lui le crédit de sa parente. Le Brutus des usuriers fut implacable pour sa petite-nièce, mais du Tillet sut lui plaire en se posant comme le banquier de Sarah, et comme ayant des fonds à faire mouvoir. La nature normande et la nature usurière se convinrent l'une à l'autre. Gobseck se trouvait avoir besoin d'un homme jeune et habile pour surveiller une petite opération à l'étranger.

Un auditeur au conseil d'état, surpris par le retour des Bourbons, avait eu l'idée, pour se bien mettre en cour, d'aller en Allemagne racheter les titres des dettes contractées par les princes pendant leur émigration. Il offrait les bénéfices de cette affaire, pour lui purement politique, à ceux qui lui donneraient les fonds nécessaires. L'usurier ne voulait lâcher les sommes qu'au fur et à mesure de l'achat des créances, et les faire examiner par un fin représentant. Les usuriers ne se fient à personne, ils veulent des garanties; auprès d'eux, l'occasion est tout: de glace quand ils n'ont pas besoin d'un homme, ils sont patelins et disposés à la bienfaisance quand leur utilité s'y trouve. Du Tillet connaissait le rôle immense sourdement joué, sur la place de Paris, par les Werbrust et Gigonnet, escompteurs du commerce des rues Saint-Denis et Saint-Martin, par Palma, banquier du faubourg Poissonnière, presque toujours intéressés avec Gobseck. Il offrit donc une caution pécuniaire en se faisant accorder un intérêt et en exigeant que ces messieurs employassent dans leur commerce d'argent les fonds qu'il leur déposerait : il se préparait ainsi des appuis. Il accompagna M. Clément Chardin des Lupeaulx dans un voyage en Allemagne qui dura pendant les Cent-jours, et revint à la seconde restauration, ayant plus augmenté les élémens de sa fortune que sa fortune elle-même. Il était entré dans les secrets des plus habiles calculateurs de Paris, il avait conquis l'amitié de l'homme dont il était le surveillant, car cet habile escamoteur lui avait mis à nu les ressorts et la jurisprudence de la haute politique. Du Tillet était un de ces esprits qui entendent à demi-mot, il acheva de se former pendant ce voyage.

Au retour, il retrouva madame Roguin fidèle. Quant au pauvre notaire, il attendait Ferdinand avec autant d'impatience qu'en témoignait sa femme, la belle Hollandaise l'avait de nouveau ruiné. Du Tillet questionna la belle Hollandaise, et ne retrouva pas une dépense équivalente aux sommes dissipées. Du Tillet découvrit alors le secret que Sarah Gobseck lui avait si soigneusement caché, sa folle passion pour Maxime de Trailles dont les débuts dans sa carrière de vices et de débauche annonçaient ce qu'il fut, un de ces garnemens politiques, nécessaires à tout bon gouvernement, et que le jeu rendait insatiable. En faisant cette découverte, du Tillet comprit l'insensibilité de Gobseck pour sa petite-nièce. Dans ces conjonctures, le banquier du Tillet, car il devint banquier, conseilla fortement à Roguin de garder une poire pour la soif, en embarquant ses cliens les plus riches dans une affaire où il pourrait se réserver une forte somme, s'il était contraint à faillir en recommençant le jeu de la Bourse. Après des *hauts* et des *bas*, profitables seulement à du Tillet et à madame Roguin, le notaire entendit enfin sonner l'heure de sa *déconfiture*. Son agonie fut alors exploitée par son meilleur ami. Du Tillet inventa la spéculation relative aux terrains situés autour de la Magdeleine. Naturellement les cent mille francs déposés par Birotteau chez Roguin, en attendant un placement, furent remis à du Tillet qui, voulant perdre le parfumeur fit comprendre à Roguin qu'il courait moins de dangers à prendre dans ses filets ses amis intimes.

— Un ami, lui dit-il, conserve des ménagemens jusque dans sa colère.

Peu de personnes savent aujourd'hui combien peu valait à cette époque une toise de terrain autour de la Magdeleine, mais ces terrains allaient nécessairement être vendus au dessus de leur valeur momentanée à cause de l'obligation où l'on serait d'aller trouver des propriétaires qui profiteraient de l'occasion; or du Tillet voulait être à portée de recueillir les bénéfices sans supporter les pertes d'une spéculation à long terme. En d'autres termes, son plan consistait à tuer l'affaire pour s'adjuger un cadavre qu'il savait pouvoir raviver. En semblable occurence, les Gobseck, les Palma, les Werbrust et Gigonnet se prêtaient mutuellement la main; mais il n'était pas assez intime avec eux pour leur demander leur aide. D'ailleurs il voulait si bien cacher son bras tout en conduisant l'affaire, qu'il pût recueillir les profits du vol sans en avoir la honte ; il sentit donc la nécessité d'avoir à lui l'un de ces mannequins vivans nommés dans la langue commerciale *hommes de paille*. Son joueur supposé de la Bourse lui parut propre à devenir son ame damnée, et il entreprit sur les droits divins en créant un homme. D'un ancien commis-voyageur, sans moyens ni capacité, excepté celle de parler indéfiniment sur toute espèce de sujet en ne disant rien, sans sou ni maille, mais pouvant comprendre un rôle et le jouer sans compromettre la pièce, plein de l'honneur le plus rare, c'est-à-dire capable de garder un secret et de se laisser déshonorer au profit de son commettant, du Tillet fit un banquier qui montait et dirigeait les plus grandes entreprises, le chef de la maison Claparon. La destinée de Charles Claparon était d'être un jour livré aux juifs et aux pharisiens, si les affaires lancées par du Tillet exigeaient une faillite, et Claparon le savait. Mais, pour un pauvre diable qui se promenait mélancoliquement sur les boulevards avec un avenir de quarante sous dans sa poche quand son camarade du Tillet le rencontra, les petites parts qui devaient lui être abandonnées dans chaque affaire furent un Eldorado. Ainsi son amitié, son dévouement pour du Tillet corroborés d'une reconnaissance irréfléchie, excités par les besoins d'une vie libertine et décousue, lui faisaient dire *amen* à tout. Puis après avoir vendu son honneur, il le vit risquer avec tant de prudence, qu'il finit par s'attacher à son ancien camarade, comme un chien à son maître. Claparon était un caniche fort laid, mais toujours prêt à faire le saut de Curtius. Dans la combinaison actuelle, il devait représenter une moitié des acquéreurs des terrains comme César Birotteau représenterait l'autre. Les valeurs que Claparon recevrait de Birotteau seraient escomptées par un des usuriers de qui du Tillet pouvait emprunter le nom, pour précipiter Birotteau dans les abîmes d'une faillite, quand Roguin lui enlèverait ses fonds. Les syndics de la faillite agiraient au gré des inspirations de du Tillet qui, possesseur des écus donnés par le parfumeur et son créancier sous différens noms, ferait liciter les terrains et les achèterait pour la moitié de leur valeur en payant avec les fonds de Roguin et le dividende de la faillite. Le notaire trempait dans ce plan en croyant avoir une bonne part des précieuses dépouilles du parfumeur et de ses co-intéressés; mais l'homme à la discrétion duquel il se livrait devait se faire et se fit la part du lion. Roguin ne pouvant poursuivre du Tillet devant aucun tribunal, fut heureux de l'os à ronger qui lui fut jeté, de mois en mois, au fond de la Suisse où il trouva des beautés au rabais.

Les circonstances, et non une méditation d'auteur tragique inventant une intrigue, avaient engendré cet horrible plan. La haine sans désir de vengeance est un grain tombé sur du granit; or, la haine de du Tillet contre César était un des sentimens les plus naturels, ou il faut nier la querelle des anges maudits et des anges de lumière. Du Tillet ne pouvait sans de grands inconvéniens assassiner le seul homme dans Paris qui le savait coupable d'un vol domestique, mais il pouvait le jeter dans la boue et l'annihiler au point de rendre son témoignage impossible. Pendant long-temps sa vengeance avait germé dans son cœur sans fleurir, car les gens les plus haineux font à Paris très peu de plans de vengeance, la vie y est trop rapide, trop remuée, il y a trop d'accidens imprévus; mais aussi ces perpétuelles oscillations, en ne permettant pas la préméditation, servent une pensée tapie au fond du cœur qui guette leurs chances fluviatiles. Quand Roguin avait fait sa confidence à du Tillet, le commis y entrevit vaguement la possibilité de détruire César, et il ne s'était pas trompé. Sur le point de quitter son idole, le notaire buvait le reste de son philtre dans la coupe cassée, il allait tous les jours aux Champs-Elysées et revenait chez lui de grand matin. Ainsi la défiante madame César avait raison.

Dès qu'un homme se résout à jouer le rôle que du Tillet avait donné à Roguin, il acquiert les talens du plus grand comédien, il a la vue d'un lynx et la pénétration d'un voyant, il sait magnétiser sa dupe; aussi le notaire avait-il aperçu Birotteau long-temps avant que Birotteau ne le vît, et quand le parfumeur le regarda, il lui tendait déjà la main de loin.

—Je viens d'aller recevoir le testament d'un grand personnage qui n'a pas huit jours à vivre, dit-il de l'air le plus naturel du monde ; mais l'on m'a traité comme un médecin de village, on m'a envoyé chercher en voiture et je reviens à pied.

Ces paroles dissipèrent le léger nuage de défiance qui avait obscurci le front du parfumeur, et que Roguin entrevit ; aussi le notaire se garda-t-il bien de parler de l'affaire des terrains le premier, car il voulait porter le dernier coup à sa victime.

— Après les testamens, les contrats de mariage, dit Birotteau, voilà la vie. Et à propos de cela, quand épousons-nous la Magdeleine. Hé! hé! papa Roguin, ajouta-t-il en lui tapant sur le ventre, car entre hommes la prétention des plus chastes bourgeois est de paraître égrillards.

— Mais si ce n'est pas aujourd'hui, répondit le notaire d'un air diplomatique, ce ne sera jamais. Nous craignons que l'affaire ne s'ébruite, je suis déjà vivement pressé par deux de mes plus riches cliens qui veulent se mettre dans cette spéculation. Aussi est-ce à prendre ou à laisser. Passé midi, je dresserai les actes et vous n'aurez la faculté d'en être que jusqu'à une heure. Adieu, je vais précisément lire les minutes que Xandrot a dû me dégrossir pendant cette nuit.

—Eh bien, c'est fait! vous avez ma parole, dit Birotteau en courant après le notaire et lui frappant dans la main. Prenez les cent mille francs qui devaient servir à la dot de ma fille.

—Bien, dit Roguin en s'éloignant.

Pendant l'instant que Birotteau mit à revenir auprès du petit Popinot, il éprouva dans ses entrailles une chaleur violente, son diaphragme se contracta, ses oreilles tintèrent.

—Qu'avez-vous, monsieur, lui demanda le commis en voyant à son maître le visage pâle.

—Ah! mon garçon, je viens de conclure par un seul mot une grande affaire, personne n'est maître de ses émotions en pareil cas. D'ailleurs, tu n'y es pas étranger. Aussi, t'ai-je emmené ici pour nous y causer plus à l'aise, personne ne nous écoutera. Ta tante est gênée ; à quoi donc a-t-elle perdu son argent ? dis-le moi.

—Monsieur, mon oncle et ma tante avaient leurs fonds chez M. de Nucingen ; ils ont été forcés de prendre en remboursement des actions dans les mines de Gorstchin qui ne donnent pas encore de dividende, et il est difficile à leur âge de vivre d'espérance.

—Mais avec quoi vivent-ils ?

—Ils m'ont fait le plaisir d'accepter mes appointemens.

—Bien, bien, Anselme, dit le parfumeur en laissant voir une larme qui roula dans ses yeux, tu es digne de l'attachement que je te porte. Aussi vas-tu recevoir une haute récompense de ton application à mes affaires.

En disant ces paroles, le négociant grandissait autant à ses propres yeux qu'à ceux de Popinot, il y mit cette bourgeoise et naïve emphase, expression de sa supériorité postiche.

—Quoi ! vous auriez deviné ma passion pour...

—Pour qui? dit le parfumeur.

—Pour mademoiselle Césarine.

—Ah! garçon, tu es bien hardi, s'écria Birotteau. Mais garde bien ton secret, je te promets de l'oublier, et tu sortiras de chez moi demain. Je ne t'en veux pas! à ta place, diable, diable! j'en aurais fait tout autant. Elle est si belle!

—Ah, monsieur! dit le commis qui sentait sa chemise mouillée tant il se tressuait.

—Mon garçon, cette affaire n'est pas l'affaire d'un jour; Césarine est sa maîtresse, et sa mère a ses idées. Ainsi rentre en toi-même, essuie tes yeux, tiens ton cœur en bride, et n'en parlons jamais. Je ne rougirais pas de t'avoir pour gendre; tu es le neveu de M. Popinot, juge au tribunal de première instance; tu es le neveu des Ragon; tu as le droit de faire ton chemin tout comme un autre; mais il y a des *mais*, des *car*, des *si!* Quel diable de chien me lâches-tu là dans une conversation d'affaires! Tiens, assieds-toi sur cette chaise, et que l'amoureux fasse place au commis. Popinot, es-tu homme de cœur, dit-il en regardant son commis ; te sens-tu le courage de lutter avec plus fort que toi, de te battre corps à corps...

—Oui, Monsieur.

— De soutenir un combat long, dangereux...

—De quoi s'agit-il ?

—De couler l'huile de Macassar ! dit Birotteau, se dressant en pieds comme un héros de Plutarque. Ne nous abusons pas, l'ennemi est fort, bien campé, redoutable. L'huile de Macassar a été rondement menée. La conception est habile : les fioles carrées ont l'originalité de la forme. Pour mon projet, j'ai pensé à faire les nôtres triangulaires ; mais je préférerais, après de mûres réflexions, de petites bouteilles de verre mince clissées en roseau ; elles auraient un air mystérieux, et le consommateur aime tout ce qui l'intrigue.

— C'est coûteux ! dit Popinot. Il faudrait tout établir au meilleur marché possible, afin de faire de fortes remises aux détaillans.

— Bien, mon garçon, voilà les vrais principes. Songes-y bien ! l'huile de Macassar se défendra ! elle est spécieuse, elle a un nom séduisant. On la présente comme une importation étrangère, et nous aurons le malheur d'être de notre pays. Voyons, Popinot, te sens-tu de force à tuer Macassar? D'abord tu l'emporteras dans les expéditions d'outre-mer ; car il paraît que Macassar est réellement aux Indes : il est plus naturel alors d'envoyer le produit français aux Indiens, que de leur renvoyer ce qu'ils sont censés nous fournir. A toi les pacotilleurs. Mais il faut lutter à l'étranger, lutter dans les départemens! Or l'huile de Macassar a été bien affichée, il ne faut pas se déguiser sa puissance, elle est poussée, le public la connaît.

— Je la coulerai, s'écria Popinot l'œil en feu.

—Avec quoi! lui dit Birotteau. Voilà bien l'ardeur de jeunes gens. Ecoute-moi donc jusqu'au bout.

Anselme se mit comme un soldat au port d'armes devant un maréchal de France.

—J'ai inventé, Popinot, une huile pour exciter la pousse des cheveux, raviver le cuir chevelu, maintenir la couleur des chevelures mâles et femelles. Cette essence n'aura pas moins de succès que ma pâte et mon eau ; mais je ne veux pas exploiter ce secret par moi-même ; je pense à me retirer du commerce. C'est toi, mon enfant, qui lanceras mon huile *Comagène* (du mot *coma*, mot latin qui signifie cheveux comme me l'a dit M. Alibert, médecin du roi. Ce mot se trouve dans la tragédie de Bérénice, où Racine a mis un roi de Comagène, amant de cette belle reine si célèbre par sa chevelure, lequel amant, sans doute par flatterie, a donné ce nom à son royaume! Comme ces grands génies ont de l'esprit! ils descendent aux plus petits détails).

Le petit Popinot garda son sérieux en écoutant cette parenthèse saugrenue, évidemment dite pour lui qui avait de l'instruction.

—Anselme, j'ai jeté les yeux sur toi pour fonder une maison de commerce de haute droguerie, rue des Lombards, dit Birotteau. Je serai ton associé secret ; je te baillerai les premiers fonds. Après l'huile Comagène, nous essaierons de l'essence de vanille, de l'esprit de menthe. Enfin nous aborderons la droguerie en la révolutionnant, en vendant ses produits concentrés au lieu de les vendre en nature. Ambitieux jeune homme, es-tu content ?

Anselme ne pouvait répondre tant il était oppressé, mais ses yeux pleins répondaient pour lui. Cette offre lui semblait dictée par une indulgente paternité qui lui disait : Mérite Césarine en devenant riche et considéré. — Monsieur, répondit-il enfin en prenant l'émotion de Birotteau pour de l'étonnement, moi aussi je réussirai !

— Voilà comme j'étais, s'écria le parfumeur, je n'ai pas dit un autre mot ! Si tu n'as pas ma fille, tu auras toujours une fortune. Eh bien ! garçon, qu'est-ce qui te prend ?

— Laissez-moi espérer qu'en acquérant l'une, j'obtiendrai l'autre.

— Je ne puis t'empêcher d'espérer, mon ami, dit Birotteau touché par le ton d'Anselme.

— Eh bien ! monsieur, puis-je dès aujourd'hui prendre mes mesures pour trouver une boutique afin de commencer au plus tôt ?

— Oui, mon enfant. Demain nous irons nous

enfermer tous deux à la fabrique. Avant d'aller dans le quartier de la rue des Lombards, tu passeras chez Livingston, pour savoir si ma presse hydraulique pourra fonctionner demain. Ce soir, nous irons, à l'heure du dîner, chez l'illustre et bon Monsieur Vauquelin pour le consulter; il s'est occupé tout récemment de la composition des cheveux; il a recherché quelle était leur substance colorante, d'où elle provenait, quelle était la contexture des cheveux. Tout est là, Popinot. Tu sauras mon secret, et il ne s'agira plus que de l'exploiter avec intelligence. Avant d'aller chez Livingston, passe chez Pieri Bénard. Mon enfant, le désintéressement de M. Vauquelin est une des grandes douleurs de ma vie : il est impossible de lui rien faire accepter. Heureusement, j'ai su par Chiffreville qu'il voulait une Vierge de Dresde, gravée par un certain Muller, et après deux ans de correspondance en Allemagne, Bénard a fini par la trouver sur papier de Chine, avant la lettre; elle coûte quinze cents francs, mon garçon. Aujourd'hui, notre bienfaiteur la verra dans son antichambre en nous reconduisant, car elle doit être encadrée, tu t'en assureras. Nous nous rappellerons ainsi à son souvenir, ma femme et moi, car quant à la reconnaissance, voilà seize ans que nous prions Dieu, tous les jours, pour lui. Moi je ne l'oublierai jamais ; mais, Popinot, enfoncés dans la science, les savans oublient tout, femmes, amis, obligés. Nous autres, notre peu d'intelligence nous permet au moins d'avoir le cœur chaud, ça console de ne pas être un grand homme. Ces messieurs de l'Institut, c'est tout cerveau, tu verras. Vous ne les rencontrez jamais dans une église. M. Vauquelin est toujours dans son cabinet ou dans son laboratoire, j'aime à croire qu'il pense à Dieu en analysant ses ouvrages. Voilà qui est entendu ; je te ferai les fonds, je te laisserai la possession de mon secret, nous serons de moitié, sans qu'il soit besoin d'acte. Vienne le succès ! nous arrangerons nos flûtes. Cours, mon garçon, moi je vais à mes affaires ! Ecoute donc, Popinot, je donnerai dans vingt jours un grand bal, fais-toi faire un habit, viens-y comme un commerçant déjà calé...

Ce dernier trait de bonté émut tellement Popinot, qu'il saisit la grosse main de César et la baisa. Le bon homme avait flatté l'amoureux par cette confidence, et les gens épris sont capables de tout.

— Pauvre garçon, dit Birotteau en le voyant courir à travers les Tuileries, si Césarine l'aimait! mais il est boiteux, il a les cheveux de la couleur d'un bassin, et les jeunes filles sont si singulières; je ne crois guère que Césarine...... Et puis sa mère veut en faire la femme d'un notaire. Alexandre Crottat la fera riche : la richesse rend tout supportable, tandis qu'il n'y a pas de bonheur qui ne succombe à la misère. Enfin, j'ai résolu de la laisser maîtresse d'elle-même jusqu'à concurrence d'une folie.

CHAPITRE IV.

DÉPENSES EXCESSIVES.

Le voisin de Birotteau était un petit marchand de parapluies, d'ombrelles et de cannes, nommé Cayron, Languedocien qui faisait de mauvaises affaires, et que Birotteau avait obligé déjà plusieurs fois. Cayron ne demandait pas mieux que de se restreindre à sa boutique et de céder au riche parfumeur les deux pièces du premier étage, en diminuant d'autant son bail.

— Eh bien! voisin, lui dit familièrement Birotteau en entrant chez le marchand de parapluies, ma femme consent à l'augmentation de notre local! Si vous voulez, nous irons chez M. Molineux à onze heures.

— Mon cher monsieur Birotteau, reprit le marchand de parapluies, je ne vous ai rien demandé pour cette cession, mais vous savez qu'un bon commerçant doit faire argent de tout.

— Diable! diable! répondit le parfumeur, je n'ai pas des mille et des cents; je ne sais pas si mon architecte, que j'attends, trouvera la chose praticable. Avant de conclure, m'a-t-il dit, sachons si vos planchers sont de niveau. Puis il faut que M. Molineux consente à laisser percer le mur, et le mur est-il mitoyen? Enfin j'ai à faire retourner chez moi l'escalier, pour changer le palier afin d'établir le plain-pied. Voilà bien des frais; je ne veux pas me ruiner.

— Oh! Monsieur, dit le marchand de parapluies,

quand vous serez ruiné, le soleil sera venu coucher avec la terre, et ils auront fait des petits!

Birotteau se caressa le menton en se soulevant sur la pointe des pieds et retombant sur ses talons.

— D'ailleurs, reprit Cayron, je ne vous demande pas autre chose que de me prendre ces valeurs-là...

Et il lui présenta un petit bordereau de cinq mille francs composé de seize billets.

— Ah! dit le parfumeur en feuilletant les effets, de *petites broches*, deux mois, trois mois...

— Prenez-les moi à six pour cent seulement, dit le marchand d'un air humble.

— Est-ce que je fais l'usure? dit le parfumeur d'un air de reproche.

— Mon Dieu, Monsieur, je suis allé chez votre ancien commis du Tillet; il n'en voulait à aucun prix, sans doute pour savoir ce que je consentirais à perdre.

— Je ne connais pas ces signatures-là, dit le parfumeur.

— Mais nous avons de si drôles de noms dans les cannes et les parapluies, ce sont des colporteurs!

— Eh bien ! je ne dis pas que je prenne tout, mais je m'arrangerai toujours des plus courts.

— Pour mille francs qui se trouvent à quatre mois, ne me laissez pas courir après les sangsues qui nous tirent le plus clair de nos bénéfices, faites-moi tout, monsieur. J'ai si peu recours à l'escompte, je n'ai nul crédit, voilà ce qui nous tue nous autres petits détaillans.

— Allons, j'accepte vos broches, Célestin fera le compte. A onze heures, soyez prêt. Voici mon architecte, M. Rohaut, ajouta le parfumeur en voyant venir le jeune homme avec lequel il avait pris la veille rendez-vous chez M. de La Billardière. Contre la coutume des gens de talent, vous êtes exact, Monsieur, lui dit César en déployant ses graces commerciales les plus distinguées. Si l'exactitude, suivant un mot du Roi, homme d'esprit autant que grand politique, est la politesse des rois, elle est aussi la fortune des négocians. Le temps, le temps est de l'or, surtout pour vous artistes. L'architecture est la réunion de tous les arts ; je me suis laissé dire cela. Ne passons point par la boutique.

ajouta-t-il, en montrant la fausse porte cochère de sa maison.

Quatre ans auparavant, M. Rohault avait remporté *le grand prix* d'architecture, il revenait de Rome après un séjour de trois ans aux frais de l'État. En Italie le jeune artiste songeait à l'art, à Paris il songeait à la fortune ; or le gouvernement peut seul donner les millions nécessaires à un architecte pour édifier sa gloire ; et en revenant de Rome, il est si naturel de se croire Fontaine et Percier que tout architecte ambitieux incline au ministérialisme ; le pensionnaire libéral, devenu royaliste, tâchait donc de se faire protéger par les gens influens. Quand un *grand prix* se conduit ainsi, ses camarades l'appellent un intrigant. Le jeune architecte avait deux partis à prendre : servir le parfumeur ou le mettre à contribution. Mais Birotteau l'adjoint, Birotteau le futur possesseur par moitié des terrains de la Madeleine, autour de laquelle tôt ou tard il se bâtirait un beau quartier, était un homme à ménager. M. Rohault immola donc le gain présent aux bénéfices à venir.

Il écouta patiemment les plans, les redites, les idées d'un de ces bourgeois, cible constante des traits, des plaisanteries de l'artiste, éternel objet de ses mépris, et suivit le parfumeur en hochant la tête pour saluer ses idées. Quand le parfumeur eut bien tout expliqué, le jeune architecte essaya de lui résumer à lui-même son plan.

— Vous avez à vous trois croisées de face sur la rue, plus la croisée perdue sur l'escalier et prise par le palier. Vous ajoutez à ces quatre croisées les deux qui sont de niveau dans la maison voisine en retournant l'escalier pour aller de plain-pied dans tout l'appartement, du côté de la rue.

— Vous m'avez parfaitement compris, dit le parfumeur étonné.

— Pour réaliser votre plan, il faut éclairer par en haut le nouvel escalier, et ménager une loge de portier sous le socle.

— Un socle...

— Oui, c'est la partie sur laquelle reposera...

— Je comprends, monsieur.

— Quant à votre appartement, laissez-moi carte blanche pour le distribuer et le décorer. Je veux le rendre digne....

— Digne! Vous avez dit le mot, monsieur.

— Quel temps me donnez-vous pour opérer ce changement de décor?

— Vingt jours.

— Quelle somme voulez-vous jeter à la tête des ouvriers? dit Rohault.

— Mais à quelle somme pourront monter ces réparations?

— Un architecte chiffre une construction neuve à un centime près, répondit le jeune homme, mais comme je ne sais pas ce que c'est que d'enfiler un bourgeois... Pardon! monsieur, le mot m'est échappé! Je dois vous prévenir qu'il est impossible de chiffrer des réparations et des rhabillages. A peine en huit jours arriverais-je à faire un devis approximatif. Accordez-moi votre confiance : vous aurez un charmant escalier éclairé par en haut, orné d'un joli vestibule sur la rue, et sous le socle....

— Toujours ce socle....

— Ne vous en inquiétez pas, je trouverai la place d'une petite loge de portier. Vos appartemens seront étudiés, restaurés avec amour. Oui, monsieur, je vois l'art et non la fortune ! Avant tout, ne dois-je pas faire parler de moi pour arriver? Selon moi, le meilleur moyen est de ne pas tripoter avec les fournisseurs, de réaliser de beaux effets à bon marché.

— Avec de pareilles idées, jeune homme, dit Birotteau d'un ton protecteur, vous réussirez.

— Ainsi, reprit Rohault, traitez directement avec vos maçons, peintres, serruriers, charpentiers, menuisiers. Moi je me charge de régler leurs mémoires. Accordez-moi seulement deux mille francs d'honoraires, ce sera de l'argent bien placé. Laissez-moi maître des lieux demain à midi et indiquez-moi vos ouvriers.

— A quoi peut se monter la dépense à vue de nez, dit Birotteau.

— Dix à douze mille francs, dit Rohault. Mais je ne compte pas le mobilier, car vous le renouvelez sans doute. Vous me donnerez l'adresse de votre tapissier, je dois m'entendre avec lui pour assortir les couleurs, afin d'arriver à un ensemble de bon goût.

— M. Braschon, rue Saint-Antoine, a mes ordres, dit le parfumeur en prenant un air ducal.

L'architecte écrivit l'adresse sur un de ces petits souvenirs qui viennent toujours d'une jolie femme.

— Allons, dit Birotteau, je me fie à vous, Monsieur. Seulement, attendez que j'aie arrangé la cession du bail des deux chambres voisines et obtenu la permission d'ouvrir le mur.

— Prévenez-moi par un billet ce soir, dit l'architecte. Je dois passer la nuit à faire mes plans, et nous préférons encore travailler pour les bourgeois à travailler pour le roi de Prusse, c'est-à-dire pour nous. Je vais toujours prendre les mesures, les hauteurs, la dimension des tableaux, la portée des fenêtres...

— Nous arriverons au jour dit, reprit Birotteau, sans quoi, rien.

— Il le faudra bien, dit l'architecte. Les ouvriers passeront les nuits, on emploiera des procédés pour sécher les peintures ; mais ne vous laissez pas enfoncer par les entrepreneurs, demandez-leur toujours le prix d'avance, et constatez vos conventions!

— Paris est le seul endroit du monde où l'on puisse frapper de pareils coups de baguette, dit Birotteau en se laissant aller à un geste asiatique digne des *Mille et une Nuits*. Vous me ferez l'honneur de venir à mon bal, Monsieur. Les hommes à talent n'ont pas tous le dédain dont on accable le commerce, et vous y verrez sans doute un savant du premier ordre, M. Vauquelin de l'Institut! Puis M. de La Billardière, M. le comte de Fontaine, M. Lebas, juge, et le président du Tribunal de Commerce; des magistrats : M. le comte de Granville de la Cour royale et M. Popinot du tribunal de première instance. Enfin peut-être M. le duc de Lenoncourt, premier gentilhomme de la chambre du roi. Je réunis quelques amis autant.... pour célébrer la délivrance du territoire.... que pour fêter ma.... promotion dans l'ordre de la Légion-d'Honneur....

M. Rohault fit un geste singulier.

— Peut-être... me suis-je rendu digne de cette... insigne... et... royale... faveur en siégeant au tribunal consulaire et en combattant pour les Bourbons sur les marches de Saint-Roch au treize vendémiaire, où je fus blessé par Napoléon, ces titres...

Constance, vêtue en matin, sortit de la chambre à coucher de Césarine où elle s'était habillée, son premier coup d'œil arrêta net la verve de son mari, qui cherchait à formuler une phrase normale pour apprendre avec modestie ses grandeurs au prochain.

— Tiens, mimi, voici monsieur *de* Rohault, jeune homme distingué d'autre part, et possesseur d'un grand talent. Monsieur est l'architecte que nous a recommandé M. de La Billardière, pour diriger nos *petits* travaux ici.

Le parfumeur se cacha de sa femme pour faire un signe à l'architecte en mettant un doigt sur ses lèvres au mot petit, et l'artiste comprit.

— Constance, monsieur va prendre les mesures, les hauteurs, laisse-le faire, ma bonne, dit Birotteau qui s'esquiva dans la rue.

— Cela sera-t-il bien cher? dit Constance à l'architecte.

— Non, madame, six mille francs, à vue de nez.....

— A vue de nez! s'écria madame Birotteau. Monsieur, je vous en prie, ne commencez rien sans un devis et des marchés signés. Je connais les façons de messieurs les entrepreneurs : *six mille* veut dire *vingt mille*. Nous ne sommes pas en position de faire des folies. Je vous en prie, monsieur, quoique mon mari soit bien le maître chez lui, laissez-lui le temps de réfléchir.

— Madame, monsieur l'adjoint m'a dit de lui livrer les lieux dans vingt jours, et si nous tardons, vous seriez exposés à entamer la dépense sans obtenir le résultat.

— Il y a dépenses et dépenses, dit la belle parfumeuse.

— Eh! madame, croyez-vous qu'il soit bien glorieux pour un architecte qui veut élever des monumens de décorer un appartement ? Je ne descends à ce détail que pour obliger M. de La Billardière, et si je vous effraie.....

Il fit un mouvement de retraite.

— Bien, bien, monsieur, dit Constance en rentrant dans sa chambre où elle se jeta la tête sur l'épaule de Césarine. Ah ! ma fille ! ton père se ruine ! Il a pris un architecte qui a des moustaches, une royale, et qui parle de construire des monumens ! Il va jeter la maison par les fenêtres pour nous bâtir un Louvre ! César n'est jamais en retard pour une folie, il m'a parlé de son projet cette nuit, il l'exécute ce matin.

— Bah ! maman, laisse faire à papa, le bon Dieu l'a toujours protégé, dit Césarine en embrassant sa mère et se mettant au piano pour montrer à l'architecte que la fille d'un parfumeur n'était pas étrangère aux beaux-arts.

Quand l'architecte entra dans la chambre à coucher, il fut surpris de la beauté de Césarine, et resta presque interdit. Sortie de sa chambrette en déshabillé du matin, Césarine, fraîche et rose comme une jeune fille est rose et fraîche à dix-huit ans, blonde et mince, les yeux bleus, offrait au regard de l'artiste cette élasticité, si rare à Paris, qui fait rebondir les chairs les plus délicates, et nuance d'une couleur adorée par les peintres le bleu des veines dont le réseau palpite dans les clairs du teint. Quoique vivant dans la lymphatique atmosphère d'une boutique parisienne où l'air se renouvelle difficilement, où le soleil pénètre peu, ses mœurs lui donnaient les bénéfices de la vie en plein air d'une Transtévérine de Rome. D'abondans cheveux, plantés comme ceux de son père et relevés de manière à laisser voir un col bien attaché, ruisselaient en boucles soignées, comme les soignent toutes les demoiselles de magasin à qui le désir d'être remarquées a inspiré les minuties les plus anglaises en fait de toilette. La beauté de Césarine n'était ni la beauté d'une lady ni celle des duchesses françaises, mais la ronde et rousse beauté des Flamandes de Rubens. Elle avait le nez retroussé de son père, mais rendu spirituel par la finesse du modelé, semblable à celui des nez essentiellement français, si bien *réussis* chez Largillière. Sa peau, comme une étoffe pleine et forte, annonçait la vitalité d'une vierge. Elle avait le beau front de sa mère, mais éclairci par la sérénité d'une fille sans soucis. Ses yeux bleus, noyés dans un riche fluide, exprimaient la grâce tendre d'une blonde heureuse. Si le bonheur ôtait à sa tête cette poésie que les peintres veulent absolument donner à leurs compositions en les faisant un peu trop pensives, la vague mélancolie physique dont sont atteintes les jeunes filles qui n'ont jamais quitté l'aile maternelle lui imprimait alors une sorte d'idéal. Malgré la finesse de ses formes, elle était fortement constituée : ses pieds accusaient l'origine paysanne de son père, car elle péchait par un défaut de race et peut-être aussi par la rougeur de ses mains, signature d'une vie purement bourgeoise ; elle devait arriver tôt ou tard à l'embonpoint. En voyant venir quelques jeunes femmes élégantes, elle avait fini par attraper le sentiment de la toilette, quelques airs de tête, une manière de parler, de se mouvoir, qui jouaient la femme comme il faut et tournaient la cervelle à tous les jeunes gens, aux commis auxquels elle paraissait très distinguée. Popinot s'était juré de ne jamais avoir d'autre femme que Césarine. Cette blonde fluide qu'un regard semblait traverser, prête à fondre en pleurs pour un mot de reproche, pouvait seule lui rendre le sentiment de la supériorité masculine.

Cette charmante fille inspirait l'amour sans laisser le temps d'examiner si elle avait assez d'esprit pour le rendre durable ; mais à quoi bon ce qu'on nomme à Paris l'*esprit*, dans une classe où l'élément principal du bonheur est le bon sens et la vertu? Au moral, Césarine était sa mère un peu perfectionnée par les superfluités de l'éducation : elle aimait la musique, dessinait au crayon noir la *Vierge à la Chaise*, lisait les œuvres de mesdames Cottin et Riccoboni, Bernardin de Saint-Pierre, Fénélon, Racine. Elle ne paraissait jamais auprès de sa mère dans le comptoir que quelques momens avant de se mettre à table, ou pour la remplacer en de rares occasions. Son père et sa mère, comme tous ces parvenus empressés de cultiver l'ingratitude de leurs enfans en les mettant au-dessus d'eux, se plaisaient à déifier Césarine, qui heureusement avait les vertus de la bourgeoisie et n'abusait pas de leur faiblesse.

Madame Birotteau suivait l'architecte d'un air inquiet et solliciteur, en regardant avec terreur et montrant à sa fille les mouvemens bizarres du mètre, la canne des architectes et des entrepreneurs, avec laquelle M. Rohault prenait ses mesures. Elle trouvait à ces coups de baguette un air conjurateur de fort mauvais augure, elle aurait voulu les murs moins hauts, les pièces moins grandes, et n'osait questionner le jeune homme sur les effets de cette sorcellerie.

— Soyez tranquille, Madame, dit l'artiste en souriant, je n'emporterai rien.

Césarine ne put s'empêcher de rire.

— Monsieur, dit Constance d'une voix suppliante en ne remarquant même pas le quiproquo de l'architecte, allez à l'économie, et plus tard nous pourrons vous récompenser...

Avant d'aller chez monsieur Molineux, le propriétaire de la maison voisine, César voulut prendre chez Roguin l'acte sous signature privée qu'Alexandre Crottat avait dû lui préparer pour cette cession de bail. En sortant, Birotteau vit du Tillet à la fenêtre du cabinet de Roguin. Quoique la liaison de son ancien commis avec la femme du notaire rendît assez naturelle la rencontre de du Tillet à l'heure où se faisaient les traités relatifs aux terrains, Birotteau s'en inquiéta, malgré son extrême confiance. L'air animé de du Tillet annonçait une discussion.

—Serait-il dans l'affaire? se demanda-t-il par suite de sa prudence commerciale.

Le soupçon passa comme un éclair dans son ame. Il se retourna, vit madame Roguin, et la présence du banquier ne lui parut plus alors aussi suspecte.

— Cependant si Constance avait raison, se dit-il. Suis-je bête d'écouter des idées de femme! J'en parlerai d'ailleurs à mon oncle, ce matin. De la Cour Batave où demeure ce monsieur Molineux à la rue des Bourdonnais, il n'y a qu'un saut!

Un défiant observateur, un commerçant qui dans sa carrière aurait rencontré quelques fripons, eût été sauvé ; mais les antécédens de Birotteau, l'incapacité de son esprit peu propre à remonter la chaîne des inductions par lesquelles un homme supérieur arrive aux causes, tout le perdit. Il trouva le marchand de parapluies en grande tenue, et s'en allait avec lui chez le propriétaire, quand Virginie, sa cuisinière, le saisit par le bras.

—Monsieur, Madame ne veut pas que vous alliez plus loin...

—Allons, s'écria Birotteau, encore des idées de femme !

—....Sans prendre votre tasse de café qui vous attend.

— Ah ! c'est vrai ! Mon voisin, dit Birotteau à Cayron, j'ai tant de choses en tête que je n'écoute pas mon estomac. Faites-moi le plaisir d'aller en avant, nous nous retrouverons à la porte de M. Molineux, à moins que vous ne montiez pour lui expliquer l'affaire, nous perdrons ainsi moins de temps.

M. Molineux était un petit rentier grotesque, qui

n'existe qu'à Paris, comme un certain lichen ne croît qu'en Islande. Cette comparaison est d'autant plus juste que cet homme appartenait à une nature mixte, un Règne Animo-végétal qu'un nouveau Mercier pourrait composer des cryptogames qui poussent, fleurissent ou meurent, sur, dans ou sous les murs plâtreux de différentes maisons étranges et malsaines où ces êtres viennent de préférence. Au premier aspect, cette plante humaine, ombellifère, vu la casquette bleue tubulée qui la couronnait, à tige entourée d'un pantalon verdâtre, à racines bulbeuses enveloppées de chaussons en lisière, offrait une physionomie blanchâtre et plate qui certes ne trahissait rien de vénéneux. Dans ce produit bizarre vous eussiez reconnu l'actionnaire par excellence, croyant à toutes les nouvelles que la Presse périodique baptise de son encre, et qui a tout dit en disant : Lisez le journal! Le bourgeois essentiellement ami de l'ordre, et toujours en révolte morale avec le pouvoir auquel néanmoins il obéit toujours, créature faible en masse et féroce en détail, insensible comme un huissier quand il s'agit de son droit, et donnant du mouron frais aux oiseaux ou des arêtes de poisson à son chat, interrompant une quittance de loyer pour seriner un canarie, défiant comme un geôlier, mais apportant son argent pour une mauvaise affaire, et tâchant alors de se rattraper par une crasse avarice. La malfaisance de cette fleur hybride ne se révélait en effet que par l'usage ; et pour être éprouvée, sa nauséabonde amertume voulait la coction d'un commerce quelconque où ses intérêts se trouvassent mêlés à ceux des hommes. Comme tous les parisiens, Molineux éprouvait un besoin de domination, il souhaitait cette part de souveraineté plus ou moins considérable exercée par chacun et même par un portier, sur plus ou moins de victimes, femme, enfant, locataire, commis, cheval, chien ou singe, auxquels on rend par ricochet les mortifications reçues dans la sphère supérieure où l'on aspire. Ce petit vieillard ennuyeux n'avait ni femme, ni enfant, ni neveu, ni nièce ; il rudoyait trop sa femme de ménage pour en faire un souffre-douleur, car elle évitait tout contact en accomplissant rigoureusement son service. Ses appétits de tyrannie étaient donc trompés; pour les satisfaire, il avait patiemment étudié les lois sur le contrat de louage et sur le mur mitoyen; il avait approfondi la jurisprudence qui régit les maisons à Paris dans les infiniment petits des tenans, aboutissans, servitudes, impôts, charges, balayages, tentures à la Fête-Dieu, tuyaux de descente, éclairage, saillies sur la voie publique, et voisinage d'établissemens insalubres. Ses moyens et son activité, tout son esprit passait à maintenir son état de propriétaire au grand complet de guerre; il en avait fait un amusement, et son amusement tournait en monomanie. Il aimait à protéger les citoyens contre les envahissemens de l'illégalité; mais les sujets de plainte étaient rares, sa passion avait donc fini par embrasser ses locataires. Un locataire devenait son ennemi, son inférieur, son sujet, son feudataire; il croyait avoir droit à ses respects, et regardait comme un homme grossier celui qui passait sans rien dire auprès de lui dans les escaliers. Il écrivait lui-même ses quittances, et les envoyait à midi le jour de l'échéance. Le contribuable en retard recevait un commandement à heure fixe. Puis la saisie, les frais, toute la cavalerie judiciaire allait aussitôt, avec la rapidité de ce que l'exécuteur des hautes œuvres appelle *la mécanique*. Molineux n'accordait ni terme ni délai, son cœur avait un calus à l'endroit du loyer.

— Je vous prêterai de l'argent si vous en avez besoin, disait-il à un homme solvable, mais payez-moi mon loyer, tout retard entraîne une perte d'intérêts dont la loi ne nous indemnise pas.

Après un long examen des fantaisies capriolantes des locataires qui n'offraient rien de normal, qui se succédaient en renversant les institutions de leurs devanciers, ni plus ni moins que des dynasties, il s'était octroyé une charte, mais il l'observait religieusement. Ainsi le bonhomme ne réparait rien, aucune cheminée ne fumait, ses escaliers étaient propres, ses plafonds blancs, ses corniches irréprochables, les parquets inflexibles sur leurs lambourdes, les peintures satisfaisantes; la serrurerie n'avait jamais que trois ans, aucune vitre ne manquait, les fêlures n'existaient pas, il ne voyait de cassures au carrelage que quand on quittait les lieux, et il se faisait assister pour les recevoir d'un serrurier, d'un peintre-vitrier, gens, disait-il, fort accommodans. Le preneur était d'ailleurs libre d'améliorer; mais si l'imprudent restaurait son appartement, le petit Molineux pensait nuit et jour à la manière de le déloger pour réoccuper l'appartement fraîchement décoré; il le guettait, l'attendait et entamait la série de ses mauvais procédés. Toutes les finesses de la législation parisienne sur les baux, il les connaissait. Processif, écrivailleur, il minutait des lettres douces et polies à ses locataires; mais au fond de son style comme sous sa mine fade et prévenante, se cachait l'ame de Shylock. Il lui fallait toujours six mois d'avance, imputables sur le dernier terme du bail, et le cortége des épineuses conditions qu'il avait inventées. Il vérifiait si les lieux étaient garnis de meubles suffisans pour répondre du loyer.

Avait-il un nouveau locataire, il le soumettait à la police de ses renseignemens, car il ne voulait pas certains états, le plus léger marteau l'effrayait. Puis, quand il fallait passer bail, il gardait l'acte et l'épelait pendant huit jours en craignant ce qu'il nommait les *et cœtera* de notaire.

Sorti de ses idées de propriétaire, Jean-Baptiste Molineux paraissait bon, serviable; il jouait au boston sans se plaindre d'avoir été soutenu mal à propos; il riait de ce qui fait rire les bourgeois, parlait de ce dont ils parlent, des actes arbitraires des boulangers qui avaient la scélératesse de vendre à faux poids, de la connivence de la police, des héroïques dix-sept députés de la Gauche. Il lisait le BON SENS du curé Meslier et allait à la messe, faute de pouvoir choisir entre le déisme et le christianisme; mais il ne rendait point le pain bénit et plaidait alors pour se soustraire aux prétentions envahissantes du clergé. L'infatigable pétitionnaire écrivait à cet égard des lettres aux journaux que les journaux n'inséraient pas et laissaient sans réponse. Enfin il ressemblait à un estimable bourgeois qui met solennellement au feu sa bûche de Noël, tire les rois, invente des poissons d'avril, fait tous les boulevarts quand le temps est beau, va voir patiner, et se rend à deux heures sur la terrasse de la place Louis XV les jours de feu d'artifice, avec du pain dans sa poche, pour être *aux premières loges*.

La Cour Batave, où demeurait ce petit vieillard, est le produit d'une de ces spéculations bizarres qu'on ne peut plus s'expliquer quand elles sont exécutées. Cette construction claustrale, à arcades et galeries intérieures, bâtie en pierres de taille, ornée d'une fontaine au fond, une fontaine altérée qui ouvre sa gueule de lion moins pour donner de l'eau que pour en demander à tous les passans, fut sans doute inventée pour doter le quartier Saint-Denis d'une sorte de Palais-Royal. Ce monument, malsain, enterré sur ses quatre lignes par de hautes maisons, n'a de vie et de mouvement que pendant le jour, il est le centre des passages obscurs qui s'y donnent rendez-vous et joignent le quartier des halles au quartier Saint-Martin par la fameuse rue Quincampoix, sentiers humides où les gens pressés gagnent des rhumatismes; mais la nuit, aucun lieu de Paris n'est plus désert, vous diriez les catacombes du commerce. Il y a là plusieurs cloaques industriels, très peu de Bataves et beaucoup d'épiciers. Naturellement les appartemens de ce palais marchand n'ont d'autre vue que celle de la cour commune où donnent toutes les fenêtres, en sorte que les loyers sont d'un prix minime. M. Molineux demeurait dans un des angles, au sixième étage, par raison de santé : l'air n'était pur qu'à soixante-dix pieds au dessus du sol. Là, ce bon propriétaire jouissait de l'aspect enchanteur des moulins de Montmartre en se promenant dans les cheneaux où il cultivait des fleurs, nonobstant les ordonnances de police relatives aux jardins suspendus de la moderne Babylone. Son appartement était composé de quatre pièces, non compris ses précieuses *anglaises* situées à l'étage supérieur : il en avait la clé, elles lui appartenaient, il les avait établies, il était en règle à cet égard. En entrant, une indécente nudité révélait aussitôt l'avarice de cet homme : dans l'antichambre, six chaises de paille, un poêle en faïence, et sur les murs tendus de papier vert-bouteille, quatre gravures achetées à des ventes; dans la salle à manger, deux buffets, deux cages pleines d'oiseaux, une table couverte d'une toile cirée, un baromètre, une porte-fenêtre donnant sur ses jardins suspendus et des chaises d'acajou foncées de crin ; le salon avait des petits rideaux passés en vieille étoffe de soie verte, un meuble en velours d'Utrecht vert à bois peint en blanc. Quant à la chambre de ce vieux célibataire elle offrait des meubles du temps de Louis XV, défigurés par un trop long usage et sur lesquels une femme vêtue de blanc aurait eu peur de se salir. Sa cheminée était ornée d'une pendule à deux colonnes entre lesquelles tenait un cadran qui servait de piédestal à une Pallas brandissant sa lance : un mythe. Le carreau était encombré de plats pleins de restes destinés aux chats, et sur lesquels on craignait de mettre le pied. Au-dessus d'une commode en bois de rose un portrait au pastel (Molineux dans sa jeunesse). Puis des livres, des tables où se voyaient d'ignobles cartons verts ; sur une console, feu ses serins empaillés ; enfin un lit d'une froideur qui en eût remontré à une carmélite.

César Birotteau fut enchanté de l'exquise politesse de Molineux, qu'il trouva en robe de chambre de molleton gris, surveillant son lait posé sur un petit réchaud en tôle dans le coin de sa cheminée et son eau de marc qui bouillait dans un petit pot de terre brune et qu'il versait à petites doses sur sa cafetière. Pour ne pas déranger son propriétaire, le marchand de parapluies avait été ouvrir la porte à Birotteau. Molineux avait en vénération les maires et les adjoints de la ville de Paris, qu'il appelait *ses officiers municipaux*. A l'aspect du magistrat, il se leva, resta debout, la casquette à la main, tant que le grand Birotteau ne fut pas assis.

— Non monsieur, oui monsieur, ah ! monsieur, si j'avais su avoir l'honneur de posséder au sein de mes modestes pénates un membre du corps municipal de Paris, croyez alors que je me serais fait un devoir de me rendre chez vous, quoique votre propriétaire ou — sur le point — de le — devenir.

Birotteau fit un geste pour le prier de remettre sa casquette.

— Je n'en ferai rien, je ne me couvrirai pas que vous ne soyez assis et couvert si vous êtes enrhumé, ma chambre est un peu froide, la modicité de mes revenus ne me permet pas... A vos souhaits, monsieur l'adjoint.

Birotteau avait éternué en cherchant ses actes. Il les présenta, non sans dire, pour éviter tout retard, que M. Roguin notaire les avait rédigés à ses frais.

— Je ne conteste pas les lumières de monsieur Roguin, vieux nom bien connu dans le notariat parisien ; mais j'ai mes petites habitudes, je fais mes affaires moi-même, manie assez excusable, et mon notaire est...

— Mais notre affaire est si simple, dit le parfumeur, habitué aux promptes décisions des commerçans.

— Si simple! s'écria Molineux. Rien n'est simple en matière de location. Ah! vous n'êtes pas propriétaire, monsieur, et vous n'en êtes que plus heureux. Si vous saviez jusqu'où les locataires poussent l'ingratitude, et à combien de précautions nous sommes obligés. Tenez, monsieur, j'ai un locataire....

Molineux raconta pendant un quart d'heure comment M. Gendrin, dessinateur, avait trompé la surveillance de son portier, rue Saint-Honoré. M. Gendrin avait fait des infamies dignes d'un Marat, des dessins obscènes que la police tolérait, attendu la connivence de la police! Ce Gendrin, artiste profondément immoral, rentrait avec des femmes de mauvaise vie et rendait l'escalier impraticable! plaisanterie bien digne d'un homme qui dessinait des caricatures contre le gouvernement. Et pourquoi ces méfaits?... parce qu'on lui demandait son loyer le quinze! Gendrin et Molineux allaient plaider, car tout en ne payant pas, l'artiste prétendait rester dans son appartement vide. Molineux recevait des lettres anonymes où

Gendrin sans doute le menaçait d'un assassinat, le soir, dans les détours qui mènent à la Cour Batave.

— Au point, monsieur, dit-il en continuant, que M. le préfet de police, à qui j'ai confié mon embarras... (j'ai profité de la circonstance pour lui toucher quelques mots sur les modifications à introduire dans les lois qui régissent la matière) m'a autorisé à porter des pistolets pour ma sûreté personnelle.

Le petit vieillard se leva pour aller chercher ses pistolets.

— Les voilà, monsieur! s'écria-t-il.

— Mais, monsieur, vous n'avez rien à craindre de semblable de ma part, dit Birotteau regardant Cayron auquel il sourit en lui jetant un regard où se peignait un sentiment de pitié pour un pareil homme.

Ce regard, Molineux le surprit, il fut blessé de rencontrer une semblable expression chez un officier municipal, qui devait protéger ses administrés. A tout autre, il l'aurait pardonnée, mais il ne la pardonna pas à Birotteau.

— Monsieur, reprit-il d'un air sec, un juge consulaire des plus estimés, un adjoint, un honorable commerçant ne descendrait pas à ces petitesses, car ce sont des petitesses! Mais, dans l'espèce, il y a un percement à faire consentir par votre propriétaire, M. le comte de Grandville, des conventions à stipuler pour le rétablissement du mur à fin de bail; enfin les loyers sont considérablement bas, ils se relèveront, la place Vendôme gagnera, elle gagne! la rue de Castiglione va se bâtir! Je me lie... je me lie...

— Finissons, dit Birotteau stupéfait, que voulez-vous? je connais assez les affaires pour deviner que vos raisons se tairont devant la raison supérieure, l'argent! Eh bien! que vous faut-il?

— Rien que de juste, monsieur l'adjoint. Combien avez-vous de temps à faire dans votre bail?

— Sept ans, répondit Birotteau.

— Dans sept ans, que ne vaudra pas mon premier? reprit Molineux. Que ne louerait-on pas deux chambres garnies dans ce quartier-là? plus de deux cents francs par mois, peut-être! Je me lie, je me lie par un bail. Nous porterons donc le loyer à quinze cents francs. A ce prix, je consens à faire distraction de ces deux chambres du loyer de M. Cayron que voilà, dit-il en jetant un regard louche au marchand, je vous les donne à bail pour sept années consécutives. Le percement sera à votre charge, sous la condition de me rapporter l'approbation et désistement de tous droits de M. le comte de Grandville. Vous aurez la responsabilité des évenemens de ce petit percement, vous ne serez point tenu de rétablir le mur pour ce qui me concerne, et vous me donnerez comme indemnité cinq cents francs dès à présent, on ne sait ni qui vit ni qui meurt, je ne veux courir après personne pour refaire le mur.

— Ces conditions me semblent à peu près justes, dit Birotteau.

— Puis, dit Molineux, vous me compterez sept cent cinquante francs, *hic et nunc*, pour les six mois de la jouissance, le bail en portera quittance. Oh ! j'accepterai de petits effets, causés *valeur en loyers* pour ne pas perdre ma garantie, à telle date qu'il vous plaira. Je suis rond et court en affaires. Nous stipulerons que vous fermerez la porte sur mon escalier où vous n'aurez aucun droit d'entrée..... à vos frais..... en maçonnerie. Rassurez-vous, je ne demanderai point d'indemnité pour le rétablissement à fin de bail, je la regarde comme comprise dans les cinq cents francs. Monsieur, vous me trouverez toujours juste.

—Nous autres commerçans ne sommes pas si pointilleux, dit le parfumeur, il n'y aurait point d'affaire possible avec de telles formalités.

— Oh! dans le commerce, c'est bien différent, et surtout dans la parfumerie où tout va comme un gant, dit le petit vieillard avec un sourire aigre. Mais, monsieur, en matière de location, à Paris, rien n'est indifférent. Tenez, j'ai eu un locataire, rue Montorgueil...

—Monsieur, dit Birotteau, je serais désespéré de retarder votre déjeuner : voilà les actes, rectifiez-les, tout ce que vous me demandez est entendu, signons demain, échangeons aujourd'hui nos paroles, car demain mon architecte doit être maître des lieux.

—Monsieur, reprit Molineux en regardant le marchand de parapluies, il y a le terme échu, M. Cayron ne veut pas le payer, nous le joindrons aux petits effets pour que le bail aille de janvier en janvier. Ce sera plus régulier.

—Soit, dit Birotteau.

—Le sou pour livre au portier....

—Mais, dit Birotteau, vous me privez de l'escalier, de l'entrée, il n'est pas juste....

— Oh! vous êtes locataire, dit d'une voix péremptoire le petit Molineux à cheval sur le principe, vous devez les impositions des portes et fenêtres et votre part dans les charges. Quand tout est bien entendu, monsieur, il n'y a plus aucune difficulté. Vous vous agrandissez beaucoup, monsieur, les affaires vont bien?

— Oui, dit Birotteau. Mais le motif est autre. Je réunis quelques amis autant pour célébrer la délivrance du territoire que pour fêter ma promotion dans l'ordre de la Légion-d'Honneur....

— Ah! ah! dit Molineux, une récompense bien méritée!

— Oui, dit Birotteau. Peut-être me suis-je rendu digne de cette insigne et royale faveur en siégeant au tribunal consulaire et en combattant pour les Bourbons sur les marches de Saint-Roch au treize vendémiaire, où je fus blessé par Napoléon, ces titres....

— Valent ceux de nos braves soldats de l'ancienne armée. Le ruban rouge veut du sang répandu.

A ces mots, pris du *Constitutionnel,* Birotteau ne put s'empêcher d'inviter le petit Molineux, qui se confondit en remerciemens et se sentit prêt à lui pardonner son dédain. Le vieillard reconduisit son nouveau locataire jusqu'au palier en l'accablant de politesses. Quand Birotteau fut au milieu de la Cour Batave avec Cayron, il regarda son voisin d'un air goguenard.

—Je ne croyais pas qu'il pût exister des gens aussi.... infirmes, dit-il en retenant sur ses lèvres le mot *bête!*

— Ah! monsieur, dit Cayron, tout le monde n'a pas vos talens.

Birotteau pouvait se croire un homme supérieur en présence de M. Molineux, la réponse du marchand de parapluies le fit sourire agréablement, et il le salua d'une façon royale.

— Je suis à la Halle, se dit Birotteau, faisons l'affaire des noisettes.

Après une heure de recherches, Birotteau, renvoyé des dames de la Halle à la rue des Lombards, où se consommaient les noisettes pour les dragées, apprit par ses amis les Matifat que *le fruit sec* n'était tenu en gros que par une certaine madame Angélique Madou, demeurant rue Perrin Gasselin, seule maison où se trouvassent la véritable aveline de Provence et la vraie noisette blanche des Alpes.

La rue Perrin Gasselin est un des sentiers du labyrinthe carrément enfermé par le quai, la rue Saint-Denis, la rue de la Ferronnerie et la rue de la Monnaie, et qui est comme les entrailles de la ville. Il y grouille un nombre infini de marchandises hétérogènes et mêlées, puantes et coquettes, le hareng et la mousseline, la soie et les miels, les beurres et les tulles, surtout de petits commerces dont Paris ne se doute pas plus que la plupart des hommes ne se doutent de ce qui se cuit dans leur *pancreas*, et qui avaient alors pour sangsue un certain Bidault dit Gigonnet, escompteur, demeurant rue Grenétat. Là d'anciennes écuries sont habitées par des tonnes d'huile, les remises contiennent des myriades de bas de coton; là se tient *le gros* des denrées vendues en détail aux halles. Madame Madou, ancienne revendeuse de marée, jetée il y a dix ans dans *le fruit sec* par une liaison avec l'ancien propriétaire de son fonds, et qui avait long-temps alimenté les commérages de la Halle, était une beauté virile et provoquante, alors disparue dans un excessif embonpoint. Elle habitait le rez-de-chaussée d'une maison jaune en ruines, mais maintenue à chaque étage par des croix en fer. Le défunt avait réussi à se défaire de ses concurrens et à convertir son commerce en monopole; malgré quelques légers défauts d'éducation, son héritière pouvait donc le continuer de routine, allant et venant dans ses magasins qui occupaient des remises, des écuries et d'anciens ateliers où elle combattait les insectes avec succès. Elle n'avait ni comptoir, ni caisse, ni livres ; elle ne savait ni lire ni écrire, et répondait par des coups de poing à une lettre, en la regardant comme une insulte. Au demeurant bonne femme, haute en couleur, ayant sur la tête un foulard par-dessus son bonnet, se conciliant par son verbe d'ophycléide l'estime des charretiers qui lui apportaient ses marchandises et avec lesquels ses *castilles* finissaient par une bouteille *de petit blanc*. Elle ne pouvait avoir aucune difficulté avec les cultivateurs qui lui expédiaient ses fruits, ils correspondaient avec de l'argent comptant, seule manière de s'entendre entr'eux, et la mère Madou les allait voir pendant la belle saison. Birotteau aperçut cette sauvage marchande au milieu de sacs de noisettes, de marrons et de noix.

—Bonjour, ma chère dame, dit Birotteau d'un air léger.

— *Ta chère*, dit-elle. Hé mon fils, tu me connais

donc pour avoir eu des rapports agréables ? Est-ce que nous avons gardé des rois ensemble ?

— Je suis parfumeur et de plus adjoint au maire du deuxième arrondissement de Paris, ainsi comme magistrat et consommateur, j'ai droit à ce que vous preniez un autre ton avec moi.

— Je me marie quand je veux, dit la virago, je ne consomme rien à la mairie et ne fatigue pas les adjoints. Quant à ma pratique, *a* m'adore, et je *leux* parle à mon idée. S'ils ne sont pas contens, ils vont se faire enfiler *alieurs*.

— Voilà les effets du monopole ! se dit Birotteau.

— Popole ! c'est mon filleul, il aura fait des sottises, venez-vous pour lui, mon respectable magistrat ? dit-elle en adoucissant sa voix.

— Non, j'ai eu l'honneur de vous dire que je venais en qualité de consommateur.

— Eh bien comment te nommes-tu, mon gars ? Je t'ai pas *core* vu venir.

— Avec ce ton là, vous devez vendre vos noisettes à bon marché? dit Birotteau qui se nomma et donna ses qualités.

— Ah! vous êtes le fameux Birotteau qu'a une belle femme! Et combien en voulez-vous de ces sucrées de noisettes, mon cher amour?

— Six mille pesant.

— C'est tout ce que j'en ai, dit la marchande en parlant comme une flûte enrouée. Mon cher monsieur, vous n'êtes pas dans les fainéans pour marier les filles et les parfumer! Que Dieu vous bénisse, vous avez de l'occupation. Excusez du peu! Vous allez être une fière pratique, et vous serez inscrit dans le cœur de la femme que j'aime le mieux au monde, la chère madame Madou.

— Combien vos noisettes?

— Pour vous, mon bourgeois, cent francs le cent, si vous prenez le tout..

— Cent francs, dit Birotteau, six mille francs! Et il m'en faudra peut-être des cent milliers par an.

— Mais voyez donc la belle marchandise, cueillie sans souliers! dit-elle en plongeant son bras rouge dans un sac d'avelines. Et pas creuse! mon cher monsieur. Pensez donc que les épiciers vendent leurs mendians quatre francs la livre, et que sur quatre livres ils mettent plus d'une livre de noisettes *eu* dedans. Faut-il que je perde sur ma marchandise pour vous plaire? Vous êtes gentil, mais vous ne me plaisez pas *core* assez pour ça! S'il vous en faut tant, on pourra faire marché à soixante-douze francs, car faut pas renvoyer un adjoint, çà porterait malheur aux mariés! Tâtez-donc la belle marchandise, et lourde! Il ne faut pas les cinquante à la livre! c'est plein, le ver n'y est pas!

— Allons, envoyez-moi six milliers à quatre mille francs et à quatre-vingt-dix jours, rue du Faubourg-du-Temple, à ma fabrique, demain de grand matin.

— On sera pressé comme une mariée! Eh bien! adieu, monsieur le maire, sans rancune. Mais si ça vous était égal, dit-elle en suivant Birotteau dans la cour, j'aime mieux vos effets à quarante jours, car je vous fais trop bon marché, je ne peux pas core perdre l'escompte! Avec ça qu'il a le cœur tendre, le père Gigonnet, il nous suce l'ame comme une araignée sirote une mouche.

— Eh bien! oui, à cinquante jours. Mais nous pèserons par cent livres, afin de ne pas avoir de creuses. Sans cela, rien de fait.

— Ah! le chien, il s'y connaît! dit madame Madou! On ne peut pas lui refaire le poil. C'est ces gueux de la rue des Lombards qui lui ont dit ça! ces gros loups-là s'entendent tous pour dévorer les pauvres *igneaux*.

L'agneau avait cinq pieds de haut et trois pieds de tour, elle ressemblait à une borne habillée en cotonnade à raies, et sans ceinture.

Le parfumeur, perdu dans ses combinaisons, méditait en allant le long de la rue Saint-Honoré sur son duel avec l'huile de Macassar, il raisonnait ses étiquettes, la forme de ses bouteilles, calculait la contexture du bouchon, la couleur des affiches. Et l'on dit qu'il n'y a pas de poésie dans le commerce! Newton ne fit pas plus de calculs pour son célèbre binôme que Birotteau n'en faisait pour l'*Essence Comagène*, car l'Huile redevint Essence, il allait d'une expression à l'autre sans en connaître la valeur. Toutes les combinaisons se pressaient dans sa tête, et il prenait cette activité dans le vide pour du talent.

Dans sa préoccupation, il dépassa la rue des Bourdonnais et fut obligé de revenir sur ses pas en se rappelant son oncle.

CHAPITRE V.

UN VRAI PHILOSOPHE,

UN GRAND CHIMISTE.

Claude-Joseph Pillerault, autrefois marchand quincaillier à l'enseigne de la Cloche-d'Or, était une de ces physionomies belles en ce qu'elles sont : costume et mœurs, intelligence et cœur, langage et pensée, tout s'harmoniait en lui. Seul et unique parent de madame Birotteau, Pillerault avait concentré toutes ses affections sur elle et sur Césarine, après avoir perdu dans le cours de sa carrière commer-merciale sa femme et son fils, puis un enfant adoptif, le fils de sa cuisinière. Ces pertes cruelles l'avaient jeté dans un stoïcisme chrétien, belle doctrine qui animait sa vie et colorait ses derniers jours d'une teinte à la fois chaude et froide comme celle dont sont dorés les couchers du soleil en hiver.

Sa tête maigre et creusée, d'un ton sévère, où l'ocre et le bistre étaient harmonieusement fondus, offrait une frappante analogie avec celle que les peintres donnent au Temps; mais en le vulgarisant, les habitudes de la vie commerciale avaient amoindri chez lui le caractère monumental et rebarbatif exagéré par les peintres, les statuaires et les fondeurs de pendules. De taille moyenne, Pillerault était plutôt trapu que gras, la nature l'avait taillé pour le travail et la longévité, sa carrure accusait une forte charpente, car il était d'un tempérament sec, sans émotion d'épiderme, mais non pas insensible. Pillerault peu démonstratif ainsi que l'indiquaient son attitude calme et sa figure arrêtée, avait une sensibilité tout intérieure, sans phrase ni emphase. Son œil à prunelle verte mélangée de points noirs était remarquable par une inaltérable lucidité. Son front ridé par des lignes droites et jauni par le temps, était petit, serré, dur, couvert par des cheveux d'un gris argenté, tenus courts et comme feutrés. Sa bouche fine annonçait la prudence et non l'avarice. La vivacité de l'œil révélait une vie contenue. Enfin la probité, le sentiment du devoir, une modestie vraie lui faisaient comme une auréole en donnant à sa figure le relief d'une belle santé.

Pendant soixante ans, il avait mené la vie dure et sobre d'un travailleur acharné. Son histoire ressemblait à celle de César, moins les circonstances heureuses. Il avait été commis jusqu'à trente-deux ans, ses fonds étaient engagés dans son commerce au moment où César employait ses économies en rentes; enfin il avait subi le maximum, ses pioches, et ses fers avaient été mis en réquisition. Son caractère sage et réservé, sa prévoyance et sa réflexion mathématique avaient agi sur sa *manière de travailler*. La plupart de ses affaires s'étaient conclues sur parole, et il avait rarement eu des difficultés. Observateur comme tous les gens méditatifs, il étudiait les gens en les laissant causer ; il refusait alors souvent des marchés avantageux pris par ses voisins qui plus tard s'en repentaient en se disant que Pillerault flairait les fripons ; il préférait les gains minimes et sûrs à ces coups audacieux qui mettaient en question de grosses sommes. Il tenait les plaques de cheminée, les grils, les chenets grossiers, les chaudrons en fonte ou en fer, les houes et les fournitures de paysan. Cette partie assez ingrate exigeait un travail mécanique excessif. Le gain n'était pas en raison du labeur, il y avait peu de bénéfice sur ces matières lourdes, difficiles à remuer, à emmagasiner. Aussi avait-il cloué bien des caisses, fait bien des emballages, déballé, reçu bien des voitures. Aucune fortune n'était ni plus noblement gagnée, ni plus légitime, ni plus honorable que la sienne. Il n'avait jamais surfait, ni jamais couru après les affaires. Dans les derniers jours, on le voyait fumant sa pipe devant sa porte, regardant les passans et voyant travailler ses commis. En 1814, époque à laquelle il se retira, sa fortune consistait d'abord en soixante-dix mille francs qu'il plaça sur le grand-livre, et dont il eut cinq mille et quelques cents francs de rente; puis en quarante mille francs payables en cinq ans sans intérêt, le prix de son fonds, vendu à l'un de ses commis. Pendant trente-trois ans, en faisant annuellement pour cent mille francs d'affaires, il avait gagné sept pour cent de cette somme, et sa vie en absorbait cinq. Tel fut son bilan.

Ses voisins, peu envieux de cette médiocrité, louaient sa sagesse sans la comprendre. Au coin de la rue de la Monnaie et de la rue Saint-Honoré se trouve le café David, où quelques vieux négocians allaient comme Pillerault prendre leur café le soir. Là, parfois l'adoption du fils de sa cuisinière avait été le sujet de quelques plaisanteries, de celles qu'on adresse à un homme respecté, car il inspirait une estime respectueuse, sans l'avoir cherchée, la sie ne lui suffisait. Aussi, quand il perdit ce pauvre jeune homme, y eut-il plus de deux cents personnes au convoi, qui allèrent jusqu'au cimetière. En ce temps, il fut héroïque. Sa douleur contenue comme celle de tous les hommes forts sans faste, augmenta la sympathie du quartier pour ce *brave homme*, mot prononcé pour Pillerault avec un accent qui en étendait le sens et l'ennoblissait.

La sobriété de Claude Pillerault devenue habitude, ne put se plier aux plaisirs d'une vie oisive, quand, au sortir du commerce, il rentra dans ce repos qui affaisse tant le bourgeois parisien; il continua son genre d'existence, et anima sa vieillesse par ses convictions politiques qui, disons-le, étaient celles de l'extrême gauche. Pillerault appartenait à cette partie ouvrière agrégée par la révolution à la bourgeoisie. La seule tache de son caractère était l'importance qu'il attachait à sa conquête : il tenait à ses droits, à la liberté, aux fruits de la révolution; il croyait son aisance et sa consistance politique compromises par les jésuites dont les libéraux annonçaient le secret pouvoir, menacées par les idées que le *Constitutionnel* prêtait à Monsieur. Il était d'ailleurs conséquent avec sa vie, avec ses idées; il n'y avait rien d'étroit dans sa politique, il n'injuriait point ses adversaires, il avait peur des courtisans, il croyait aux vertus républicaines: il imaginait Manuel pur de tout excès, le général Foy grand homme, Casimir Périer sans ambition, Lafayette un prophète politique, Courier bon homme. Il avait enfin de nobles chimères. Ce beau vieillard vivait de la vie de famille, il allait chez les Ragon et chez sa nièce, chez le juge Popinot, chez Joseph Lebas et chez les Matifat. Personnellement quinze cents francs faisaient raison de tous ses besoins. Quant au reste de ses revenus, il l'employait à de bonnes œuvres, en présens à sa petite nièce; il donnait à dîner quatre fois par an à ses amis chez Roland, rue du Hasard, et les menait au spectacle. Il jouait le rôle de ces vieux garçons sur qui les femmes mariées tirent des lettres de change à vue pour leurs fantaisies: une partie de campagne, l'Opéra, les montagnes Beaujon. Pillerault était alors heureux du plaisir qu'il donnait, il jouissait dans le cœur des autres. Après avoir vendu son fonds, il n'avait pas voulu quitter le quartier où étaient ses habitudes, et il avait pris rue des Bourdonnais un petit appartement de trois pièces au quatrième dans une vieille maison.

De même que les mœurs de Molineux se peignaient dans son étrange mobilier, de même la vie pure et simple de Pillerault était révélée par les dispositions intérieures de son appartement composé d'une antichambre, d'un salon et d'une chambre. Aux dimensions près, c'était la cellule du chartreux. L'antichambre au carreau rouge et frotté n'avait qu'une fenêtre ornée de rideaux en percale à bordures rouges, des chaises d'acajou garnies de basane rouge et de clous dorés; les murs étaient tendus d'un papier vert américain et décorés du Serment des Américains, du portrait de Bonaparte en premier consul, et de la bataille d'Austerlitz. Le salon, sans doute arrangé par le tapissier, avait un meuble jaune à rosaces, un tapis, la garniture de cheminée en bronze sans dorures, un devant de cheminée peint, une console avec un vase à fleurs sous verre, une table ronde à tapis sur laquelle était un porte-liqueurs. Le neuf de cette pièce annonçait assez un sacrifice fait aux usages du monde par le vieux quincaillier qui recevait rarement. Dans sa chambre, simple comme celle d'un religieux ou d'un vieux soldat, les deux hommes qui apprécient le mieux la vie, un crucifix à bénitier placé dans son alcove frappait les regards. Cette profession de foi chez un républicain stoïque émouvait profondément. Une vieille femme venait faire son ménage, mais son respect pour les femmes était si grand qu'il ne lui laissait pas cirer ses souliers, nettoyés par abonnement avec un décrotteur.

Son costume était simple et invariable. Il portait habituellement une redingote et un pantalon de drap bleu, un gilet de rouennerie, une cravate blanche, et des souliers très couverts; les jours fériés, il mettait un habit à boutons de métal. Ses habitudes pour son lever, son déjeuner, ses sorties, son dîner, ses soirées et son retour au logis étaient marquées au coin de la plus stricte exactitude, car la régularité des mœurs fait la longue vie et la santé. Il n'était jamais question de politique entre César, les Ragon, l'abbé Loraux et lui, car les gens de cette société se connaissaient trop pour en venir à des attaques sur le terrain du prosélytisme. Comme son neveu et comme les Ragon, il avait une grande confiance en Roguin. Pour lui, le notaire de Paris était toujours un être vénérable, une image vivante de la probité. Dans l'affaire des terrains, Pillerault s'était livré à un contre-examen que motivaient la hardiesse de César et le courage avec lequel il avait combattu les pressentimens de sa femme.

Le parfumeur monta les soixante-dix-huit marches qui menaient à la petite porte brune de l'appartement de son oncle, en pensant que ce vieillard devait être bien vert pour toujours les monter sans se plaindre. Il trouva la redingote et le pantalon étendus sur le porte-manteau placé à l'extérieur; madame Vaillant les brossait et frottait pendant que ce vrai philosophe enveloppé dans une redingote en molleton gris déjeunait au coin de son feu, en lisant les débats parlementaires dans le *Constitutionnel* ou *Journal du Commerce.*

— Mon oncle, dit César, l'affaire est faite, on va dresser les actes. Si vous aviez cependant quelques craintes ou des regrets, il est encore temps de rompre.

— Pourquoi romprais-je? l'affaire est bonne, mais longue à réaliser, comme toutes les affaires sûres. Mes cinquante mille francs sont à la Banque, j'ai touché hier les derniers cinq mille francs de mon fonds. Quant aux Ragon ils y mettent toute leur fortune.

— Eh bien, comment vivent-ils?

— Enfin, sois tranquille, ils vivent.

— Mon oncle, je vous entends, dit Birotteau vivement ému et serrant les mains du vieillard austère.

— Comment se fera l'affaire? dit brusquement Pillerault.

— J'y serai pour trois huitièmes, vous et les Ragon pour un huitième; je vous créditerai sur mes livres, jusqu'à ce qu'on ait décidé la question des actes notariés.

— Bon! Mon garçon tu es donc bien riche, pour jeter là trois cent mille francs? Il me semble que tu hasardes beaucoup en dehors de ton commerce, n'en souffrira-t-il pas? Enfin cela te regarde! Si tu éprouvais un échec, voilà les rentes à quatre-vingts, je pourrais vendre deux mille francs de mes consolidés. Prends-y garde, mon garçon! Si tu avais recours à moi, ce serait la fortune de ta fille à laquelle tu toucherais là.

—Mon oncle! comme vous dites simplement les plus belles choses! vous me remuez le cœur...

—Le général Foy me le remuait bien autrement tout-à-l'heure! Enfin, va, conclus: les terrains ne s'envoleront pas, ils seront à nous pour moitié; quand il faudrait attendre six ans, nous aurons toujours quelques intérêts, il y a des chantiers qui donnent des loyers. On ne peut donc rien perdre. Il n'y a qu'une chance, encore est-elle impossible! Roguin n'emportera pas nos fonds...

— Ma femme me le disait pourtant cette nuit, elle le craint.

— Roguin emporter nos fonds, dit Pillerault en riant, et pourquoi?

— Il a, dit-elle, trop de sentiment dans le nez, et comme tous les hommes qui ne peuvent pas avoir de femmes, il est enragé pour...

Après avoir laissé échapper un sourire d'incrédulité, Pillerault alla déchirer d'un livret un petit papier, écrivit la somme, et signa.

— Tiens, voilà sur la Banque un bon de cent mille francs pour Ragon et pour moi. Ces pauvres gens ont pourtant vendu à ton mauvais drôle de du Tillet leurs quinze actions dans les mines de Wortschin pour compléter la somme. De braves gens dans la peine, cela serre le cœur. Et des gens si dignes, si nobles, la fleur de la vieille bourgeoisie enfin. Leur frère Popinot le juge n'en sait rien, ils se cachent de lui pour ne pas l'empêcher de se livrer à sa bienfaisance. Des gens qui ont travaillé, comme moi, pendant trente ans!

—Dieu veuille donc que l'Huile Comagène réussisse ! s'écria Birotteau, j'en serai doublement heureux ! Adieu, mon oncle, vous viendrez dîner dimanche avec les Ragon, Roguin et M. Claparon, car nous signerons tous après-demain, c'est demain vendredi, je ne veux faire d'af...

— Tu donnes donc dans ces superstitions-là ?

— Mon oncle, je ne croirai jamais que le jour où le fils de Dieu fut mis à mort par les hommes est un jour heureux. On interrompt bien toutes les affaires pour le 21 janvier.

— A dimanche, dit brusquement Pillerault.

— Sans ses opinions politiques, se dit Birotteau en redescendant l'escalier, je ne sais pas s'il aurait son pareil ici-bas, mon oncle. Qu'est-ce que lui fait la politique ? il serait si bien en n'y songeant pas du tout. Son entêtement prouve qu'il n'y a pas d'homme parfait.

— Déjà trois heures ! dit César en entrant chez lui.

— Monsieur, vous prenez ces valeurs-là ? lui demanda Célestin en montrant les broches du marchand de parapluies.

— Oui, à six, sans commission.

— Ma femme, apprête tout pour ma toilette, je vais chez M. Vauquelin, tu sais pourquoi. Une cravate blanche surtout.

Birotteau donna quelques ordres à ses commis, il ne vit pas Popinot, devina que son futur associé s'habillait, et remonta promptement dans sa chambre où il trouva la vierge de Dresde magnifiquement encadrée, selon ses ordres.

— Eh bien! c'est gentil, dit-il à sa fille.

— Mais, papa, dis donc que c'est beau, sans quoi l'on se moquerait de toi!

—Voyez-vous cette fille qui gronde son père. Eh bien, pour mon goût j'aime autant Héro et Léandre. La Vierge est un sujet religieux qui peut aller dans une chapelle; mais Héro et Léandre!... je l'achèterai, car le flacon d'huile m'a donné des idées...

— Mais papa, je ne te comprends pas...

— Virginie, un fiacre! cria César d'une voix retentissante quand il eut fait sa barbe et que le timide Popinot parut en traînant le pied à cause de Césarine.

L'amoureux ne s'était pas encore aperçu que son infirmité n'existait plus pour sa maîtresse. Délicieuse preuve d'amour que les gens à qui le hasard inflige un vice corporel quelconque peuvent seuls recueillir.

— Monsieur, dit-il, la presse pourra manœuvrer demain.

— Eh bien! qu'as-tu, Popinot? demanda César en voyant rougir Anselme.

— Monsieur, c'est le bonheur d'avoir trouvé une boutique, arrière-boutique, cuisine et des chambres au-dessus et des magasins pour douze cents francs par an, rue des Cinq-Diamans.

— Il faut obtenir un bail de dix-huit ans, dit Birotteau. Mais allons chez M. Vauquelin, nous causerons en route.

César et Popinot montèrent en fiacre aux yeux des commis étonnés de ces exorbitantes toilettes et d'une voiture anormale, ignorans qu'ils étaient des grandes choses méditées par le maître de la Reine des Roses.

— Nous allons donc savoir la vérité sur les noisettes, se dit le parfumeur.

— Des noisettes? dit Popinot.

— Tu as mon secret, Popinot, dit le parfumeur, j'ai lâché le mot *noisette!* Tout est là! L'huile de noisette est la seule qui ait de l'action sur les cheveux, aucune maison de parfumerie n'y a pensé. En voyant la gravure d'Héro et de Léandre, je me suis dit: Si les anciens usaient tant d'huile pour leurs cheveux, ils avaient une raison quelconque, car les anciens sont les anciens! malgré les prétentions des modernes, je suis de l'avis de Boileau sur les anciens. Je suis parti de là pour arriver à l'huile de noisette, grace au petit Bianchon, l'élève en médecine, ton parent; il m'a dit qu'à l'école ses camarades employaient l'huile de noisette pour activer la croissance de leurs moustaches et favoris. Il ne nous manque plus que la sanction de l'illustre M. Vauquelin. Éclairés par lui, nous ne tromperons pas le public. Tout à l'heure j'étais à la Halle, chez une marchande de noisettes, pour avoir la matière première, dans un instant je serai chez l'un des plus grands savans de France pour en tirer la quintessence. Les proverbes ne sont pas sots! les extrêmes se touchent. Vois, mon garçon! le commerce est l'intermédiaire des productions végétales et de la science. Angélique Madou récolte, monsieur Vauquelin extrait, et nous vendons une essence! Les noisettes valent dix sous la livre, monsieur Vauquelin va centupler leur valeur, et nous rendrons service peut-être à l'humanité, car si la vanité cause de grands tourmens à l'homme, un bon cosmétique est un bienfait.

La religieuse admiration avec laquelle Popinot écoutait le père de sa Césarine stimula l'éloquence de Birotteau, qui se permit les phrases les plus sauvages qu'un bourgeois puisse inventer.

— Sois respectueux, Anselme, dit-il en entrant dans la rue où demeurait Vauquelin, nous allons pénétrer dans le sanctuaire de la science. Mets la Vierge en évidence, sans affectation, dans la salle à manger, sur une chaise. Pourvu que je ne m'entortille pas dans ce que je veux dire! s'écria naïvement Birotteau. Popinot! cet homme me fait une impression chimique, sa voix me chauffe les entrailles et me cause même une légère colique. Il est mon bienfaiteur, et dans quelques instans, Anselme, il sera le tien.

Ces paroles donnèrent froid à Popinot, qui posa ses pieds comme s'il eût marché sur des œufs, et regarda d'un air inquiet les murailles. M. Vauquelin était dans son cabinet, on lui annonça Birotteau. L'académicien savait le parfumeur adjoint au maire et très en faveur, il le reçut.

— Vous ne m'oubliez donc pas dans vos grandeurs? dit le savant, mais de chimiste à parfumeur, il n'y a que la main.

— Hélas! Monsieur, de votre génie à la simplicité d'un bon homme comme moi, il y a l'immensité! Je vous dois ce que vous appelez mes grandeurs, et ne l'oublierai ni dans ce monde, ni dans l'autre.

— Oh! dans l'autre, dit-on, nous serons tous égaux, les rois et les savetiers.

— C'est-à-dire les rois et les savetiers qui se seront saintement conduits, dit Birotteau.

— C'est votre fils, dit Vauquelin en regardant le petit Popinot hébété de ne rien voir d'extraordinaire dans le cabinet où il croyait trouver des monstruosités, de gigantesques machines, des métaux volans, des substances animées.

— Non, Monsieur, mais un jeune homme que j'aime et qui vient implorer une bonté égale à votre talent, elle est infinie. Nous venons vous consulter une seconde fois, à seize ans de distance, sur une matière importante, et sur laquelle je suis ignorant comme un parfumeur.

— Voyons, qu'est-ce?

— Je sais que les cheveux occupent vos veilles, et que vous vous livrez à leur analyse. Pendant que vous y pensiez pour la gloire, j'y pensais pour le commerce.

— Cher monsieur Birotteau, que voulez-vous de moi? l'analyse des cheveux.

Il prit un petit papier.

— Je vais lire à l'Académie des sciences un mémoire sur ce sujet. Les cheveux sont formés d'une quantité assez grande de mucus, d'une petite quantité d'huile blanche, de beaucoup d'huile noire verdâtre, de fer, de quelques atômes d'oxide de manganèse, de phosphate de chaux, d'une très petite quantité de carbonate de chaux, de silice et de beaucoup de soufre. Les différentes proportions de ces matières font les différentes couleurs des cheveux. Ainsi les rouges ont beaucoup plus d'huile noire verdâtre que les autres.

César et Popinot ouvraient des yeux d'une grandeur risible.

—Neuf choses! s'écria Birotteau. Comment! il se trouve dans un cheveu des métaux et des huiles? il faut que ce soit vous, un homme que je vénère, qui me le dise pour que je le croie. Est-ce extraordinaire! Dieu est grand, monsieur Vauquelin.

— Le cheveu est produit par un organe folliculaire, reprit le grand chimiste, une espèce de poche ouverte à ses deux extrémités; par l'une elle tient à des nerfs et à des vaisseaux, par l'autre sort le cheveu. Selon quelques uns de nos savans confrères, et parmi eux M. de Blainville, le cheveu serait une partie morte expulsée de cette poche ou crypte que remplit une matière pulpeuse.

— C'est comme qui dirait de la sueur en bâton, s'écria Popinot, à qui le parfumeur donna un petit coup de pied dans le talon.

Vauquelin sourit à l'idée de Popinot.

— Il a des moyens, n'est-ce pas? dit alors César en regardant Popinot. Mais, monsieur, si les cheveux sont morts-nés, il est impossible de les faire vivre, nous sommes perdus! le prospectus est absurde, vous ne savez pas comme le public est drôle, on ne peut pas venir lui dire...

— Qu'il a un fumier sur la tête, dit Popinot voulant encore faire rire Vauquelin.

— Des catacombes aériennes, lui répondit le chimiste en continuant la plaisanterie.

— Et mes noisettes qui sont achetées! s'écria Birotteau, sensible à la perte commerciale. Mais pourquoi vend-t-on des?...

— Rassurez-vous, dit Vauquelin en souriant, je vois qu'il s'agit de quelque secret pour empêcher les cheveux de tomber ou de blanchir. Écoutez, voilà mon opinion sur la matière après tous mes travaux.

Popinot dressa les oreilles comme un lièvre effrayé.

— La décoloration de cette substance morte ou vive est, selon moi, produite par l'interruption de la sécrétion des matières colorantes, ce qui expliquerait comment dans les climats froids le poil des animaux à belles fourrures pâlit et blanchit pendant l'hiver.

— Hem! Popinot!

— Il est évident, reprit Vauquelin, que l'altération des chevelures est due à des changemens subits dans la température ambiante...

— Ambiante, Popinot! retiens! retiens! cria César.

— Oui, dit Vauquelin, au froid et chaud alternatifs, ou à des phénomènes intérieurs qui produisent le même effet. Ainsi probablement les migraines et les affections céphalalgiques absorbent, dissipent ou déplacent les fluides générateurs. L'intérieur regarde les médecins. Quant à l'extérieur, arrivent vos cosmétiques.

— Eh bien, Monsieur, dit Birotteau, vous me rendez la vie. J'ai songé à vendre de l'huile de noisette, en pensant que les anciens faisaient usage d'huile pour leurs cheveux, et les anciens sont les anciens, je suis de l'avis de Boileau. Pourquoi les athlètes oignaient-ils...

— L'huile d'olive vaut l'huile de noisette, dit Vauquelin qui n'écoutait pas Birotteau. Toute huile est bonne pour préserver le bulbe des impressions nuisibles aux substances qu'il contient en travail, nous dirions en dissolution, s'il s'agissait de chimie. Peut-être avez-vous raison? l'huile de noisette possède, m'a dit Dupuytren, un stimulant. Je chercherai à connaître les différences qui existent entre les huiles de faine, de colza, d'olive, de noix, etc.

— Je ne me suis donc pas trompé! dit Birotteau triomphalement, je me suis rencontré avec un grand homme. Macassar est enfoncé! Macassar, monsieur, est un cosmétique donné, c'est-à-dire vendu et vendu cher, pour faire pousser les cheveux.

— Cher monsieur Birotteau, dit Vauquelin, il n'est pas venu deux onces d'huile de Macassar en Europe! L'huile de Macassar n'a pas la moindre action sur les cheveux, mais les Malaises l'achètent au poids de l'or à cause de son influence conservatrice sur les cheveux, sans savoir que l'huile de baleine est tout aussi bonne. Aucune puissance ni chimique, ni divine....

— Oh divine! ne dites pas cela, monsieur Vauquelin.

— Mais, cher monsieur, la première loi que Dieu suive est d'être conséquent avec lui-même: sans unité, pas de puissance...

— Ah, vu comme ça!

— Aucune puissance ne peut donc faire pousser de cheveux à des chauves, de même que vous ne teindrez jamais sans danger les cheveux rouges ou blancs; mais en vantant l'emploi de l'huile, vous ne commettrez aucune erreur, aucun mensonge, et je pense que ceux qui s'en serviront pourront conserver leurs cheveux.

— Croyez-vous que l'Académie royale des sciences voudrait approuver...

— Oh! il n'y a pas là la moindre découverte, dit Vauquelin. D'ailleurs, les charlatans ont tant abusé du nom de l'Académie que vous n'en seriez pas plus avancé. Ma conscience se refuse à regarder l'huile de noisette comme un prodige.

— Quelle serait la meilleure manière de l'extraire? par la décoction ou par la pression, dit Birotteau.

— Par la pression entre deux plaques chaudes, l'huile sera plus abondante; mais obtenue par la pression entre deux plaques froides, elle sera de meilleure qualité. Il faut l'appliquer, dit Vauquelin avec bonté, sur la peau même et non s'en frotter les cheveux, autrement l'effet serait manqué.

— Retiens bien ceci, Popinot, dit Birotteau dans un enthousiasme qui lui enflammait le visage. Vous voyez, monsieur, un jeune homme qui comptera ce jour parmi les plus beaux de sa vie.

Il vous connaissait, vous vénérait, sans vous avoir vu. Ah! il est souvent question de vous chez moi, le nom qui est toujours dans les cœurs arrive souvent sur les lèvres. Nous prions, ma femme ma fille et moi, pour vous, tous les jours, comme on le doit pour son bienfaiteur.

— C'est trop pour si peu, dit Vauquelin gêné par la verbeuse reconnaissance du parfumeur.

— Ta, ta, ta! fit Birotteau, vous ne pouvez pas nous empêcher de vous aimer, vous qui n'acceptez rien de moi! Vous êtes comme le soleil, vous jetez la lumière, et ceux que vous éclairez ne peuvent vous rien rendre.

Le savant sourit et se leva, le parfumeur et Popinot se levèrent aussi.

— Regarde, Anselme, regarde bien ce cabinet! Vous permettez, monsieur? vos momens sont si précieux, il ne reviendra peut-être plus ici!

— Eh bien! êtes-vous content des affaires, dit Vauquelin à Birotteau, car enfin nous sommes deux gens de commerce...

— Assez bien, monsieur, dit Birotteau se retirant vers la salle à manger où le suivit Vauquelin. Mais pour lancer cette huile sous le nom d'Essence Comagène, il faut de grands fonds...

— Essence et Comagène, sont deux mots qui hurlent. Appelez votre cosmétique, Huile de Birotteau. Si vous ne voulez pas mettre votre nom en évidence, prenez-en un autre! Mais voilà la Vierge de Dresde. Ah! monsieur Birotteau, vous voulez que nous nous quittions brouillés.

— Monsieur Vauquelin, dit le parfumeur, en prenant les mains du chimiste, cette rareté n'a de prix que par la persistance que j'ai mise à la chercher. Il a fallu faire fouiller toute l'Allemagne pour la trouver sur papier de Chine et avant la lettre. Je savais que vous la désiriez, vos occupations ne vous permettaient pas de vous la procurer, je me suis fait votre commis-voyageur; agréez donc, non une méchante gravure, mais des soins, une sollicitude, des pas et démarches qui prouvent un dévoûment absolu. J'aurais voulu que vous souhaitassiez quelques substances qu'il fallût aller chercher au fond des précipices, et venir vous dire : Les voilà ! Ne me refusez pas ! Nous avons tant de chances pour être oubliés, laissez-moi me mettre moi, ma femme, ma fille et le gendre que j'aurai, tous sous vos yeux. Vous vous direz en voyant la Vierge : Il y a de bonnes gens qui pensent à moi.

— J'accepte, dit Vauquelin.

Popinot et Birotteau s'essuyèrent les yeux, tant ils furent émus de l'accent de bonté que mit l'académicien à ce mot.

— Voulez-vous combler votre bonté, dit le parfumeur.

— Qu'est-ce ? fit Vauquelin.

— Je réunis quelques amis... Il se souleva sur les talons, en prenant néanmoins un air humble... Autant pour célébrer la délivrance du territoire, que pour fêter ma nomination dans l'ordre de la Légion-d'Honneur...

— Ah ! dit Vauquelin étonné.

— Peut-être me suis-je rendu digne de cette insigne et royale faveur en siégeant au tribunal consulaire et en combattant pour les Bourbons sur les marches de Saint-Roch au treize vendémiaire, où je fus blessé par Napoléon. Ma femme donne un bal dimanche dans vingt jours, venez-y, monsieur? Faites-nous l'honneur de dîner avec nous ce jour-là. Pour moi, ce sera recevoir deux fois la croix. Je vous écrirai bien à l'avance.

— Eh bien, oui, dit Vauquelin.

— Mon cœur se gonfle de plaisir, s'écria le parfumeur dans la rue. Il viendra chez moi!.... J'ai peur d'avoir oublié ce qu'il a dit sur les cheveux? Tu t'en souviens Popinot?

— Oui, Monsieur, et dans vingt ans je m'en souviendrais encore.

— Ce grand homme! quel regard et quelle pénétration! dit Birotteau. Ah! il n'en a fait ni une ni deux! Du premier coup, il a deviné nos pensées, et nous a donné les moyens d'abattre l'huile de Macassar! Ah! rien ne peut faire pousser les cheveux! Macassar, tu mens! Popinot, nous tenons une fortune. Ainsi, demain, à sept heures, soyons à la fabrique, les noisettes viendront et nous ferons de l'huile, car il a beau dire que toute huile est bonne, nous serions perdus si le public le savait. S'il n'entrait pas dans notre huile un peu de noisette et de parfum, sous quel prétexte pourrions-nous la vendre trois ou quatre francs les quatre onces!

—Vous allez être décoré, monsieur! dit Popinot. Quelle gloire pour...

— Pour le commerce, n'est-ce pas mon enfant.

L'air triomphant de César Birotteau sûr d'une fortune, fut remarqué par ses commis qui se firent des signes entr'eux, car la course en fiacre, la tenue du caissier et du patron les avaient jetés déjà dans les romans les plus bizarres. Le contentement mutuel de César et d'Anselme trahi par des regards diplomatiquement échangés, le coup d'œil plein d'espérance que Popinot jeta par deux fois à Césarine annonçaient quelque événement grave et confirmaient les conjectures des commis. Dans cette vie occupée et quasi claustrale, les plus petits accidens prenaient l'intérêt que donne un prisonnier à ceux de sa prison. L'attitude de madame César, qui répondait aux regards olympiens de son mari par des airs de doute, accusait une nouvelle entreprise, car en temps ordinaire, madame César aurait été contente, elle que les succès du détail rendaient joyeuse. Par extraordinaire, la recette de la journée avait été à six mille francs : on était venu payer quelques mémoires arriérés.

La salle à manger et la cuisine éclairée par une petite cour, et séparée de la salle à manger par un couloir où débouchait l'escalier pratiqué dans un coin de l'arrière-boutique, se trouvaient à l'entresol, où jadis était l'appartement de César et de Constance; aussi la salle à manger où s'était écoulée la lune de miel avait-elle l'air d'un petit salon. Durant le dîner, Raguet, le garçon de confiance, gardait le magasin; mais au dessert les commis s'en allaient, redescendaient au magasin, et laissaient César, sa femme et sa fille achever leur dîner au coin du feu. Cette habitude venait des Ragon, chez qui les anciens us et coutumes du commerce toujours en vigueur, maintenaient entre eux et les commis l'énorme distance qui jadis existait entre les *Maîtres* et les *apprentis*. Césarine ou Constance apprêtait alors au parfumeur sa tasse de café qu'il prenait assis dans une bergère au coin du feu. Pendant cette heure César mettait sa femme au fait des petits événemens de la journée, il racontait ce qu'il avait vu dans Paris, ce qui se passait au faubourg du Temple, les difficultés de sa fabrication.

— Ma femme, dit-il quand les commis furent descendus, voilà certes une des plus importantes journées de notre vie ! Les noisettes achetées, la presse hydraulique prête à manœuvrer demain, l'affaire des terrains conclue. Tiens, serre donc ce bon sur la Banque, dit-il en lui remettant le mandat de Pillerault. La restauration de l'appartement décidée, notre appartement augmenté. Mon Dieu ! j'ai vu Cour Batave un homme bien singulier ! Et il raconta monsieur Molineux.

— Je vois, lui répondit sa femme en l'interrompant au milieu d'une tirade, que tu t'es endetté de deux cent mille francs ?

— C'est vrai, ma femme, dit le parfumeur avec

une fausse humilité. Comment payerons-nous cela, bon Dieu? car il faut compter pour rien les terrains de la Madeleine destinés à devenir un jour le plus beau quartier de Paris.

— Un jour, César!

— Hélas! dit-il en continuant sa plaisanterie, mes trois huitièmes ne me vaudront un million que dans six ans. Et comment payer deux cent mille francs! reprit César en faisant un geste d'effroi! Eh bien! nous les payerons cependant avec cela, dit-il en tirant de sa poche une noisette prise chez madame Madou, et précieusement gardée.

Il montra la noisette entre ses deux doigts à Césarine et à Constance. Sa femme ne dit rien, mais Césarine intriguée, dit en servant le café à son père: — Ah ça, papa, tu ris?

Le parfumeur, aussi bien que ses commis, avait surpris pendant le dîner les regards jetés par Popinot à Césarine, il voulut éclaircir ses soupçons.

— Eh bien! fifillle, cette noisette est cause d'une

révolution au logis. Il y aura, dès ce soir, quelqu'un de moins sous notre toit.

Césarine regarda son père en ayant l'air de dire : *que m'importe!*

— Popinot s'en va.....

Quoique César fût un pauvre observateur et qu'il eût préparé sa dernière phrase moins pour tendre un piége à sa fille que pour arriver à sa création de la maison A. POPINOT et COMPAGNIE, sa tendresse paternelle lui fit deviner les sentimens confus qui sortirent du cœur de sa fille, fleurirent en roses rouges sur ses joues, sur son front, et colorèrent ses yeux qu'elle baissa. César crut alors à quelques paroles échangées entre Césarine et Popinot. Il n'en était rien : ces deux enfans s'entendaient, comme tous les amans timides, sans s'être dit un mot.

Quelques moralistes pensent que l'amour est la passion la plus involontaire, la plus désintéressée, la moins calculatrice de toutes, excepté toutefois l'amour maternel. Cette opinion comporte une erreur grossière. Si la plupart des hommes ignorent les raisons qui font aimer, toute sympathie physique ou morale n'en est pas moins basée sur des calculs faits par l'esprit, le sentiment ou la brutalité. L'amour est une passion essentiellement égoïste. Qui dit égoïsme, dit profond calcul. Ainsi, pour tout esprit frappé seulement des résultats, il peut sembler, au premier abord, invraisemblable ou singulier de voir une belle fille comme Césarine éprise d'un pauvre enfant boîteux et à cheveux rouges. Néanmoins, ce phénomène est en harmonie avec l'arithmétique des sentimens bourgeois. L'expliquer sera rendre compte des mariages toujours observés avec une constante surprise et qui se font entre de grandes, de belles femmes et de petits hommes, entre de petites, de laides créatures et de beaux garçons. Tout homme atteint d'un défaut de conformation quelconque, les pieds-bots, la claudication, les diverses gibbosités, l'excessive laideur, les taches de vin répandu sur la joue, les feuilles de vigne, l'infirmité de Roguin et autres monstruosités indépendantes de la volonté des fondateurs, n'a que deux partis à prendre :

ou se rendre redoutable ou devenir d'une exquise bonté; il ne lui est pas permis de flotter entre les moyens termes habituels à la plupart des hommes. Dans le premier cas, il y a talent, génie ou force : un homme n'inspire la terreur que par la puissance du mal, le respect que par le génie, la peur que par beaucoup d'esprit. Dans le second cas, il se fait adorer, il se prête admirablement aux tyrannies féminines, et sait mieux aimer que n'aiment les gens d'une irréprochable corporence.

Élevé par des gens vertueux, par les Ragon, modèles de cette si honorable petite bourgeoisie, et par son oncle le juge Popinot, Anselme avait été conduit, et par sa candeur et par ses sentimens religieux, à racheter son léger vice corporel par la perfection de son caractère. Frappés de cette tendance qui rend la jeunesse si attrayante, Constance et César avaient souvent fait l'éloge d'Anselme devant Césarine; mesquins d'ailleurs, ils étaient grands par l'ame et comprenaient bien les choses du cœur. Ces éloges trouvèrent de l'écho chez une jeune fille qui, malgré son innocence, lut dans les yeux si purs d'Anselme un sentiment violent, toujours flatteur, quels que soient l'âge, le rang et la tournure de l'amant. Le petit Popinot devait avoir beaucoup plus de raison qu'un bel homme d'aimer une femme. Si sa femme était belle, il en serait fou jusqu'à son dernier jour, son amour lui donnerait de l'ambition, il se tuerait pour rendre sa femme heureuse, il la laisserait maîtresse au logis, il irait au devant de la domination. Ainsi pensait Césarine involontairement et pas aussi cruement, elle entrevoyait à vol d'oiseau les moissons de l'amour et raisonnait par comparaison : le bonheur de sa mère était devant ses yeux, elle ne souhaitait pas d'autre vie, son instinct lui montrait dans Anselme un autre César perfectionné par l'éducation, comme elle l'était par la sienne ; elle rêvait Popinot maire d'un arrondissement, et se plaisait à se peindre quêtant un jour à sa paroisse comme sa mère à Saint-Roch. Elle avait fini par ne plus s'apercevoir de la différence qui distinguait la jambe gauche de la jambe droite chez Popinot, elle eût été capable de dire : Mais boite-t-il ? Elle aimait cette prunelle si limpide et s'était plu à voir l'effet que produisait son regard sur ces yeux qui brillaient aussitôt d'un feu pudique et se baissaient mélancoliquement. Le premier clerc de Roguin, doué de cette précoce expérience due à l'habitude des affaires, Alexandre Crottat avait un air moitié cynique, moitié bonasse qui révoltait Césarine, déjà révoltée par les lieux communs de sa conversation. Le silence de Popinot trahissait un esprit doux, elle aimait le sourire à demi-mélancolique que lui inspiraient d'insignifiantes vulgarités; les niaiseries qui le faisaient sourire excitaient toujours quelque répulsion chez elle, ils souriaient ou se contristaient ensemble. Cette supériorité n'empêchait pas Anselme de se précipiter à l'ouvrage, et son infatigable ardeur plaisait à Césarine, car elle devinait que si les autres commis disaient : « Césarine épousera le premier clerc de M. Roguin, » Anselme pauvre, boiteux et à cheveux roux, ne désespérait pas d'obtenir sa main. Une grande espérance prouve un grand amour.

— Où va-t-il ? demanda Césarine à son père en essayant de prendre un air indifférent.

— Il s'établit rue des Cinq-Diamans, et ma foi ! à la grâce de Dieu ! dit Birotteau dont l'exclamation ne fut comprise ni par sa femme, ni par sa fille.

Quand Birotteau rencontrait une difficulté morale, il faisait comme les insectes devant un obstacle, il se jetait à gauche ou à droite ; il changea donc de conversation en se promettant de causer de Césarine avec sa femme.

— J'ai raconté tes craintes et tes idées sur Roguin à ton oncle, il s'est mis à rire, dit-il à Constance.

— Tu ne dois jamais révéler ce que nous nous disons entre nous, s'écria Constance. Ce pauvre Roguin est peut-être le plus honnête homme du monde, il a cinquante-huit ans et ne pense plus sans doute....

Elle s'arrêta court en voyant Césarine attentive. et la montra par un coup d'œil à César.

—J'ai donc bien fait de conclure, dit Birotteau ?

— Mais tu es le maître, répondit-elle.

César prit sa femme par les mains et la baisa au front. Cette réponse était toujours chez elle un consentement tacite aux projets de son mari.

—Allons, s'écria le parfumeur en descendant à son magasin et parlant à ses commis, la boutique se fermera à dix heures. Messieurs, un coup de main! Il s'agit de transporter pendant la nuit tous les meubles du premier au second! Il faut mettre, comme on dit, les petits pots dans les grands, afin de laisser demain à mon architecte les coudées franches.

— Popinot est sorti sans permission! dit César en ne le voyant pas. Eh mais! il ne couche pas ici, je l'oubliais! Il est allé, pensa-t-il, ou rédiger les idées de M. Vauquelin, ou louer sa boutique.

—Nous connaissons la cause de ce déménagement, dit Célestin en parlant au nom des deux autres commis et de Raguet, groupés derrière lui. Nous sera-t-il permis de féliciter monsieur sur un honneur qui rejaillit sur toute la boutique.. Popinot nous a dit que monsieur...

—Hé bien, mes enfans, que voulez-vous, on

m'a décoré. Aussi non seulement à cause de la délivrance du territoire, mais encore pour fêter ma promotion dans la Légion-d'Honneur, réunissons-nous nos amis. Je me suis peut-être rendu digne de cette insigne et royale faveur en siégeant au tribunal consulaire et en combattant pour la cause royale que j'ai défendue... à votre âge, sur les marches de Saint-Roch, au treize vendémiaire, et ma foi, Napoléon, l'empereur, m'a blessé! J'ai été blessé à la cuisse encore, et madame Ragon m'a pansé. Ayez du courage, vous serez récompensés! Voilà, mes enfans, comment un malheur n'est jamais perdu!

— On ne se battra plus dans les rues! dit Célestin.

— Il faut l'espérer, dit César, qui partit de là pour faire une mercuriale à ses commis, et il la termina par une invitation.

La perspective d'un bal anima les trois commis, Raguet et Virginie d'une ardeur qui leur donna la dextérité des équilibristes. Tous allaient et venaient chargés par les escaliers sans rien casser ni rien renverser. A deux heures du matin, le déménagement était opéré. César et sa femme couchèrent au second étage. La chambre de Popinot devint celle de Célestin et du second commis. Le troisième étage fut un garde-meuble provisoire.

CHAPITRE VI.

LES DEUX ASTRES.

Possédé de cette magnétique ardeur que produit l'affluence du fluide nerveux et qui fait du diaphragme un brasier chez les gens ambitieux ou amoureux agités par de grands desseins, Popinot si doux et si tranquille avait piaffé comme un cheval de race avant la course, dans la boutique, au sortir de table.

— Qu'as-tu donc? lui dit Célestin.

— Quelle journée! mon cher, je m'établis, lui dit-il à l'oreille, et monsieur César est décoré.

— Vous êtes bien heureux, le patron vous aide! s'écria Célestin.

Popinot ne répondit pas, il disparut poussé comme par un vent furieux, le vent du succès!

Oh! heureux, dit à son voisin qui vérifiait des étiquettes un commis occupé à mettre des gants par douzaines, le patron s'est aperçu des yeux que Popinot fait à mademoiselle Césarine, et comme il est très-fin, le patron! il se débarrasse d'Anselme, il serait difficile de le refuser, rapport à ses parens. Célestin prend cette rouerie pour de la générosité.

Anselme Popinot descendait la rue Saint-Honoré et courait rue des Deux-Écus, pour s'emparer d'un jeune homme que sa *seconde vue* commerciale lui désignait comme le principal instrument de sa fortune.

Le juge Popinot avait rendu service au plus habile commis-voyageur de Paris, à celui que sa triomphante loquèle et son activité firent plus tard surnommer l'*illustre*. Alors voué spécialement à la Chapellerie et à l'*Article Paris*, ce roi des voyageurs se nommait encore purement et simplement Gaudissart. A vingt-deux ans, il se signalait déjà par la puissance de son magnétisme commercial. Alors fluet, l'œil joyeux, le visage expressif, une mémoire infatigable, le coup d'œil habile à saisir les goûts de chacun, il méritait d'être ce qu'il fut depuis, le roi des commis-voyageurs, le *Français* par excellence. Quelques jours auparavant, Popinot avait rencontré Gaudissart qui s'était dit sur le point de partir; l'espoir de le trouver encore à Paris venait donc de lancer l'amoureux sur la rue des Deux-Écus, où il apprit que le voyageur avait retenu sa place aux Messageries, et pour faire ses adieux à sa chère capitale, était allé voir une pièce nouvelle au Vaudeville : Popinot résolut de l'attendre. Confier le placement de l'huile de noisette à ce précieux metteur en œuvre des inventions marchandes, déjà choyé par les plus riches maisons, était tirer une lettre de change sur la fortune. Popinot possédait Gaudissart. Le commis-voyageur, si savant dans l'art d'entortiller les gens les plus rebelles, les petits marchands de province, s'était laissé entortiller dans la première conspiration tramée contre les Bourbons après les Cent-Jours. Gaudissart, à qui le grand air était indispensable, se vit en prison sous le poids d'une accusation capitale. Le juge Popinot, chargé de l'instruction, avait mis Gaudissart hors de cause en reconnaissant que son imprudente sottise l'avait seule compromis dans cette affaire. Avec un juge désireux de plaire au pouvoir ou d'un royalisme exalté, le malheureux commis allait à l'échafaud. Gaudissart, qui croyait devoir la vie au juge d'instruction, nourrissait un profond désespoir de ne pouvoir porter à son sauveur qu'une stérile reconnaissance. Ne devant pas remercier un juge d'avoir rendu la justice, il avait été chez les Ragon se déclarer homme-lige des Popinot.

En attendant, Popinot alla naturellement revoir sa boutique de la rue des Cinq-Diamans, demander l'adresse du propriétaire, afin de traiter du bail. En errant dans le dédale obscur de la grande Halle, et pensant aux moyens d'organiser un rapide succès, Popinot saisit rue Aubry-Boucher une occasion unique et de bon augure avec laquelle il comptait régaler César le lendemain. En faction à la porte de l'hôtel du Commerce, au bout de la rue des Deux-Ecus, vers minuit, Popinot entendit, dans le lointain de la rue de Grenelle, un vaudeville final chanté par Gaudissart avec accompagnement de canne significativement traînée sur les pavés.

— Monsieur, dit Anselme en débouchant de la porte et se montrant soudain, deux mots?

— Onze, si vous voulez, dit le commis-voyageur en levant sa canne plombée sur l'agresseur.

—Je suis Popinot, dit le pauvre Anselme.

—Suffit, dit Gaudissart en le reconnaissant. Que vous faut-il? de l'argent! absent par congé, mais on en trouvera. Mon bras pour un duel? tout à vous, des pieds à l'occiput. Et il chanta :

Voilà, voilà
Le vrai soldat français!

— Venez causer avec moi dix minutes, non pas dans votre chambre, on pourrait nous écouter, mais sur le quai de l'Horloge, à cette heure il n'y a personne, dit Popinot, il s'agit de quelque chose de plus important.

— Çà chauffe donc! marchons.

En dix minutes, Gaudissart, maître des secrets de Popinot, en avait reconnu l'importance.

Paraissez parfumeurs, coiffeurs et débitans!

s'écria Gaudissart en singeant Lafont dans le rôle du Cid. Je vais empaumer tous les boutiquiers de France et de Navarre! Oh une idée! J'allais partir, je reste, et vais prendre les commissions de la parfumerie parisienne.

— Et pourquoi?

— Pour étrangler vos rivaux, innocent! En ayant leurs commissions, je puis faire boire de l'huile à leurs perfides cosmétiques, en ne m'occupant et ne parlant que de la vôtre. Un fameux tour de voyageur! Ah! ah! nous sommes les diplomates du commerce! Fameux! Quant à votre prospectus, je m'en charge! J'ai pour ami d'enfance Andoche Finot, le fils du chapelier de la rue du Coq, le vieux qui m'a lancé dans le voyage pour la Chapellerie. Andoche, qui a beaucoup d'esprit, il a pris celui de toutes les têtes que coiffait son père, il est dans la littérature, il fait les petits théâtres au *Courrier des Spectacles*. Son père, vieux chien plein de raisons pour ne pas aimer l'esprit, ne croit pas à l'esprit : impossible de lui prouver que l'esprit se vend, qu'on fait fortune dans l'esprit ; en fait d'esprit, il ne connaît que le trois-six. Le vieux Finot prend le petit Finot par famine. Andoche, homme capable, mon ami d'ailleurs, et je ne fraye avec les sots que commercialement, Finot fait des devises pour le Fidèle Berger qui paie, tandis que les journaux où il se donne un mal de galérien le nourrissent de couleuvres! Sont-ils jaloux dans cette partie-là! C'est comme dans l'*article Paris*. Finot avait une superbe comédie en un acte pour mademoiselle Mars, la plus fameuse des fameuses! Ah! en voilà une que j'aime! Eh bien! pour se voir jouer, il a été forcé de la porter à la Gaîté. Andoche connaît le prospectus, il entre dans les idées du marchand, il n'est pas fier, il limousinera notre prospectus *gratis*. Mon Dieu, avec un bol de punch et des gâteaux on le régalera, car Popinot, pas de farces : je voyagerai sans commission ni frais, vos concurrens paieront, je les dindonnerai ! Entendons-nous bien. Pour moi ce succès est une affaire d'honneur. Ma récompense est d'être garçon de noces à votre mariage ! J'irai en Italie, en Allemagne, en Angleterre ! J'emporte avec moi des affiches en toutes les langues, les fais apposer partout, dans les villages, à la porte des Eglises, à tous les bons endroits que je connais dans les villes de province ! Elle brillera, elle s'allumera cette huile, elle sera sur toutes les têtes. Ah ! votre mariage ne sera pas un mariage en détrempe, mais un mariage à la barigoule ! Vous aurez votre Césarine ou je ne m'appellerai pas l'ILLUSTRE ! nom que m'a donné le père Finot, pour avoir fait réussir ses chapeaux gris. En vendant votre huile, je reste dans ma partie, la tête humaine ! L'huile et le chapeau sont connus pour conserver la chevelure publique.

Popinot revint chez sa tante, où il devait aller coucher, dans une telle fièvre, causée par sa prévision du succès, que les rues lui semblaient être des ruisseaux d'huile. Il dormit peu, rêva que ses cheveux poussaient follement, et vit deux anges qui lui déroulaient, comme dans les mélodrames, une rubrique où était écrit : *Huile Césarienne.* Il se réveilla, se souvenant de ce rêve et résolut de nommer ainsi l'huile de noisette, en considérant cette fantaisie du sommeil comme un ordre céleste.

César et Popinot furent dans leur atelier au faubourg du Temple, bien avant l'arrivée des noisettes; en attendant les porteurs de madame Madou, Popinot raconta triomphalement son traité d'alliance avec Gaudissart.

— Nous avons l'illustre Gaudissart, nous sommes millionnaires ! s'écria le parfumeur en tendant la main à son caissier, de l'air que dut prendre

Louis XIV en accueillant le maréchal de Villars au retour de Denain.

— Nous avons bien autre chose encore! dit l'heureux commis en sortant de sa poche une bouteille à forme écrasée en façon de citrouille et à côtes, j'ai trouvé dix mille flacons semblables à ce modèle, tout fabriqués, tout prêts, à... quatre sous... six mois de terme.

— Anselme, dit Birotteau contemplant la forme mirifique du flacon, hier (il prit un ton grave), dans les Tuileries, oui, pas plus tard qu'hier, tu disais : — Je réussirai. Moi, je dis aujourd'hui : — Tu réussiras! Quatre sous! six mois de terme! une forme originale! Macassar branle dans le manche, quelle botte portée à l'huile de Macassar! Ai-je bien fait de m'emparer des seules noisettes qui soient à Paris! Où donc as-tu trouvé ces flacons?

— J'attendais l'heure de parler à Gaudissart et je flânais...

— Comme moi jadis! s'écria Birotteau.

— En descendant la rue Aubry-Boucher j'aperçois chez un verrier en gros, un marchand de verres bombés et de cages qui a des magasins immenses, j'aperçois ce flacon... Ah! il m'a crevé les yeux comme une lumière subite, une voix m'a crié : Voilà ton affaire!

— Né commerçant! Il aura ma fille, dit César en grommelant.

— J'entre, et je vois des milliers de ces flacons dans des caisses.

— Tu t'en informes?

— Vous ne me croyez pas si *gniole!* s'écria douloureusement Anselme.

— Né commerçant! répéta Birotteau.

—Je demande des cages à mettre des petits Jésus de cire. Tout en marchandant les cages, je blâme la forme de ces flacons. Conduit à une confession générale, mon marchand avoue de fil en aiguille, que Faille et Bouchot, qui ont manqué dernièrement, allaient entreprendre un cosmétique et voulaient des flacons de forme étrange; il se méfiait d'eux, il exige moitié comptant. Faille et Bouchot dans l'espoir de réussir lâchent l'argent, la faillite éclate pendant la fabrication, les syndics sommés de payer venaient de transiger avec lui en laissant les flacons et l'argent touché, comme indemnité d'une fabrication prétendue ridicule et sans placement possible. Les flacons coûtent huit sous, il serait heureux de les donner à quatre, Dieu sait combien de temps il aurait en magasin une forme qui n'est pas de vente. — Voulez-vous vous engager à en fournir par dix mille à quatre sous? je puis vous débarrasser de vos flacons, je suis commis chez M. Birotteau. Et je l'entame, et je le mène, et je domine mon homme, et je le chauffe, et il est à nous.

— Quatre sous, dit Birotteau. Sais-tu que nous pouvons mettre l'huile à trois francs et gagner trente sous en en laissant vingt à nos détaillans.

— L'huile Césarienne! cria Popinot.

— L'huile Césarienne! ah! monsieur l'amoureux, vous voulez flatter le père et la fille! Eh bien soit! L'huile Césarienne! les Césars avaient le monde, ils devaient avoir de fameux cheveux.

— César était chauve! dit Popinot.

— Parce qu'il ne s'est pas servi de notre huile! On le dira! A trois francs l'huile Césarienne, l'huile de Macassar coûte le double. Gaudissart est là, nous aurons cent mille francs dans l'année, car nous imposons toutes les têtes, qui se respectent, de douze flacons par an, dix-huit francs! Soit dix-huit mille têtes? cent quatre-vingt mille francs. Nous sommes millionnaires!

Les noisettes livrées, Raguet, les ouvriers, Popinot, César en épluchèrent une quantité suffisante, et il y eut avant quatre heures quelques livres d'huile. Popinot alla présenter le produit à Vauquelin qui fit présent à Popinot d'une formule pour mêler l'essence de noisette à des corps oléagineux moins chers et la parfumer. Popinot se mit aussitôt en instance pour obtenir un brevet d'invention et de perfectionnement. Le dévoué Gaudissart prêta l'argent pour le droit fiscal à Popinot, qui avait l'ambition de payer sa moitié dans les frais d'établissement.

La prospérité porte avec elle une ivresse à laquelle les hommes inférieurs ne résistent jamais. Cette exaltation eut un résultat facile à prévoir. M. Rohault vint, il présenta le croquis colorié d'une délicieuse vue intérieure du futur appartement orné de ses meubles. Birotteau séduit consentit à tout. Aussitôt les maçons donnèrent les coups de pic qui firent gémir la maison et Constance. Son peintre en bâtimens, monsieur Lourdois, un fort riche entrepreneur qui s'engageait à ne rien négliger, parlait de dorures pour le salon. En entendant le mot, Constance intervint.

— Monsieur Lourdois, dit-elle, vous avez trente mille livres de rente, vous habitez une maison à vous, vous pouvez y faire ce que vous voulez: mais nous autres....

— Madame, le commerce doit briller et ne pas se laisser écraser par l'aristocratie. Voilà d'ailleurs monsieur Birotteau dans le gouvernement, il est en évidence...

—Oui, mais il est encore en boutique, dit Constance devant ses commis et les cinq personnes qui l'écoutaient, ni moi ni lui, ni ses amis, ni ses ennemis ne l'oublieront.

Birotteau se souleva sur la pointe des pieds en retombant sur ses talons à plusieurs reprises, les mains croisées derrière lui.

— Ma femme a raison, dit-il. Nous serons modestes dans la prospérité. D'ailleurs, tant qu'un homme est dans le commerce, il doit être sage en ses dépenses, réservé dans son luxe, la loi lui en fait une obligation, il ne doit pas se livrer *à des dépenses excessives*. Si l'agrandissement de mon local et sa décoration dépassaient les bornes, il serait imprudent à moi de les excéder, vous-même vous me blâmeriez, Lourdois ! Le quartier a les yeux sur moi, les gens qui réussissent ont des jaloux, des envieux ! Ah vous saurez cela bientôt jeune homme, dit-il à M. Robault, s'ils nous calomnient ne leur donnez pas au moins lieu de médire.

— Ni la calomnie, ni la médisance ne peuvent vous atteindre, dit Lourdois, vous êtes dans une position hors ligne et vous avez une si grande habitude du commerce que vous savez raisonner vos entreprises, vous êtes *un malin.*

— C'est vrai, j'ai quelque expérience des affaires, vous savez pourquoi notre agrandissement? Si je mets un fort dédit relativement à l'exactitude, c'est que....

— Non.

— Hé bien, ma femme et moi nous réunissons quelques amis autant pour célébrer la délivrance du territoire que pour fêter ma promotion dans l'ordre de la Légion-d'Honneur....

— Comment, comment! dit Lourdois! ils vous ont donné la croix!

— Oui, peut-être me suis-je rendu digne de cette insigne et royale faveur, en siégeant au tribunal consulaire, et en combattant pour la cause royale au Treize vendémiaire à Saint-Roch, où je fus blessé par Napoléon: venez avec votre femme et votre demoiselle....

— Enchanté de l'honneur que vous daignez me faire, dit le libéral Lourdois. Mais vous êtes un farceur, papa Birotteau, vous voulez être sûr que je ne vous manquerai pas de parole, et voilà pourquoi vous m'invitez. Eh bien! je prendrai mes plus habiles ouvriers, nous ferons un feu d'enfer pour sécher les peintures, nous avons des procédés dessicatifs, car il ne faut pas danser dans un brouillard exhalé par le plâtre. On vernira pour ôter toute odeur.

Trois jours après, le commerce du quartier était en émoi par l'annonce du bal que préparait Birotteau. Chacun pouvait, d'ailleurs, voir les étais extérieurs, nécessités par le changement rapide de l'escalier, les tuyaux carrés en bois par où tombaient les décombres dans des tombereaux qui stationnaient. Les ouvriers pressés qui travaillaient aux flambeaux, car il y eut des ouvriers de jour et des ouvriers de nuit, faisaient arrêter les oisifs, les curieux dans la rue, et les commérages s'appuyaient sur ces préparatifs pour annoncer d'énormes somptuosités.

Le dimanche indiqué pour la conclusion de l'affaire, monsieur et madame Ragon, l'oncle Pillerault vinrent sur les quatre heures après vêpres.

Vu les démolitions, disait César, il ne put inviter ce jour-là que Charles Claparon, Crottat et Roguin. Le notaire apporta le *Journal des Débats*, où M. de la Billardière avait fait insérer l'article suivant :

« *Nous apprenons que la délivrance du territoire sera fêtée avec enthousiasme dans toute la* » *France ; mais à Paris, les membres du corps* » *municipal ont senti que le moment était venu* » *de rendre à la capitale cette splendeur, qui par* » *un sentiment de convenance, avait cessé pendant l'occupation étrangère. Chacun des maires* » *et des adjoints se propose de donner un bal,* » *l'hiver promet donc d'être très brillant, ce mouvement national sera suivi. Parmi toutes les fêtes* » *qui se préparent, il est beaucoup question du bal* » *de M. Birotteau, nommé chevalier de la Légion-d'Honneur, et si connu par son dévoûment à la* » *cause royale. M. Birotteau, blessé à l'affaire* » *de Saint-Roch, au treize vendémiaire, et l'un* » *des juges consulaires les plus estimés, a doublement mérité cette faveur.* »

— Comme on écrit bien aujourd'hui, s'écria César. L'on parle de nous dans le journal, dit-il à Pillerault.

— Eh bien, après! lui répondit son oncle à qui le *Journal des Débats* était particulièrement antipathique.

— Cet article nous fera peut-être vendre de la Pâte des Sultanes et de l'Eau Carminative, dit tout bas madame César à madame Ragon, sans partager l'ivresse de son mari.

Madame Ragon, grande femme sèche et ridée, au nez pincé, aux lèvres minces, avait un faux air d'une marquise de l'ancienne cour. Le tour de ses yeux était attendri sur une assez grande circonférence comme ceux des vieilles femmes qui ont éprouvé des chagrins. Sa contenance sévère et digne, quoique affable, imprimait le respect. Elle avait d'ailleurs en elle ce je ne sais quoi d'étrange qui saisit sans exciter le rire, et que sa mise, ses façons expliquaient : elle portait des mitaines, elle marchait en tout temps avec une ombrelle à canne semblable à celle dont se servait la reine Marie-

Antoinette à Trianon; sa robe, dont la couleur favorite était ce brun pâle nommé feuille-morte, s'étalait aux hanches par des plis inimitables et dont les douairières d'autrefois ont emporté le secret; elle conservait la mantille noire garnie de dentelles noires à grandes mailles carrées, ses bonnets de forme antique avaient des agrémens qui rappelaient les déchiquetures des vieux cadres sculptés à jour; elle prenait du tabac avec cette exquise propreté et en faisant ces gestes dont peuvent se souvenir les jeunes gens qui ont eu le bonheur de voir leurs grand'tantes et leurs grand'mères remettre solennellement des boîtes d'or auprès d'elles sur une table, en secouant les grains de tabac égarés sur leur fichu.

Le sieur Ragon était un petit homme de cinq pieds au plus, à figure de casse-noisette où l'on ne voyait que des yeux, deux pommettes aiguës, un nez et un menton; sans dents, mangeant la moitié de ses mots, d'une conversation pluviale, galant, prétentieux et souriant toujours du sourire qu'il prenait pour recevoir les belles dames que différens hasards amenaient jadis à la porte de sa boutique. La poudre dessinait sur son crâne une neigeuse demi-lune bien ratissée, flanquée de deux ailerons, que séparait une petite queue serrée par un ruban. Il portait l'habit bleu barbeau, le gilet blanc, la culotte et les bas de soie, des souliers à boucles d'or, des gants de soie noire. Le trait le plus saillant de son caractère était d'aller par les rues tenant son chapeau à la main. Il avait l'air d'un messager de la chambre des pairs, d'un huissier du cabinet du roi, d'un de ces gens qui sont placés auprès d'un pouvoir quelconque de manière à recevoir son reflet, tout en restant fort peu de chose.

—Eh bien! Birotteau, dit-il d'un air magistral, te repens-tu, mon garçon, de nous avoir écoutés dans ce temps-là? Avons-nous jamais douté de la reconnaissance de nos bien-aimés souverains?

—Vous devez êtes bien heureuse, ma chère petite, dit madame Ragon à madame Birotteau.

—Mais oui, madame, répondit la belle parfumeuse, toujours sous le charme de cette ombrelle à canne, de ces bonnets à papillon, des manches justes et du grand fichu *à la Julie* que portait madame Ragon.

—Césarine est charmante, venez ici la belle enfant! dit madame Ragon de sa voix de tête et d'un air protecteur.

—Ferons-nous les affaires avant le dîner, dit l'oncle Pillerault.

— Nous attendons monsieur Claparon, dit Roguin, je l'ai laissé s'habillant.

— Monsieur Roguin, dit César, vous l'avez bien prévenu que nous dînions dans un *méchant* petit entresol....

— Il le trouvait superbe il y a seize ans, dit Constance en murmurant.

— Au milieu des décombres et parmi les ouvriers.

— Bah! vous allez voir, dit Roguin, un bon enfant qui n'est pas difficile.

— J'ai mis Raguet en faction dans la boutique, on ne passe plus par notre porte, vous avez vu tout démoli, dit César au notaire.

— Pourquoi n'avez-vous pas amené votre neveu, dit Pillerault à madame Ragon.

— Le verrons-nous, demanda Césarine.

— Non, mon cœur, dit madame Ragon. Anselme travaille, le cher enfant, à se tuer! Cette rue sans air et sans soleil, cette puante rue des Cinq-Diamans m'effraie, le ruisseau est toujours bleu, vert ou noir. J'ai peur qu'il y périsse. Mais quand les jeunes gens ont quelque chose en tête! dit-elle à Césarine en faisant un geste qui expliquait le mot *tête* par le mot *cœur*.

— Il a donc passé son bail? demanda César.

— D'hier et pardevant notaire, reprit Ragon. Il a obtenu dix-huit ans, mais on exige six mois d'avance.

— Eh bien! monsieur Ragon, êtes-vous content de moi? fit le parfumeur. Je lui ai donné là le secret d'une découverte... enfin!

— Nous vous savons par cœur, César, dit le petit Ragon en prenant les mains de César et les lui pressant avec une religieuse amitié.

Roguin n'était pas sans inquiétude sur l'entrée

en scène de Claparon dont les mœurs et le ton pouvaient effrayer de vertueux bourgeois, il jugea donc nécessaire de préparer les esprits.

— Vous allez voir, dit-il à Ragon, à Pillerault et aux dames, un original qui cache ses moyens sous un mauvais ton effrayant, car d'une position très inférieure, il s'est fait jour par ses idées! Il prendra sans doute les belles manières à force de voir les banquiers. Vous le rencontrerez peut-être sur le boulevard ou dans un café, godaillant, débraillé, jouant au billard, il a l'air du plus grand flandrin... Eh bien! non, il étudie, et pense alors à remuer l'industrie par de nouvelles conceptions.

— Je comprends cela, dit Birotteau, j'ai trouvé mes meilleures idées en flânant, n'est-ce pas, ma biche?

— Claparon, reprit Roguin, regagne alors pendant la nuit le temps employé à chercher, à combiner des affaires pendant le jour. Tous ces gens à grand talent ont une vie bizarre, inexplicable. Eh bien! à travers ce décousu, j'en suis témoin, il arrive à son but: il a fini par faire céder tous nos propriétaires, ils ne voulaient pas, ils se doutaient de quelque chose, il les a mystifiés, il les a lassés, il a été les voir tous les jours, et nous sommes, pour le coup, les maîtres du terrain.

Un singulier *broum! broum!* particulier aux buveurs de petits verres d'eau-de-vie et de liqueurs fortes annonça le personnage le plus bizarre de cette histoire, et l'arbitre visible des destinées futures de César. Le parfumeur se précipita dans le petit escalier obscur, autant pour dire à Raguet de fermer la boutique, que pour faire à Claparon ses excuses de le recevoir dans la salle à manger.

— Comment donc! mais on est très bien là pour *chiquer les lég*... pour chiffrer, veux-je dire, les affaires.

Malgré les habiles préparations de Roguin, monsieur et madame Ragon, ces bourgeois de bon ton, l'observateur Pillerault, Césarine et sa mère furent d'abord assez désagréablement affectés par ce prétendu banquier de la haute volée.

A l'âge de vingt-huit ans environ, cet ancien

commis voyageur, ne possédait pas un cheveu sur la tête, et portait une perruque frisée en tire-bouchons. Cette coiffure exige une fraîcheur de vierge, une transparence lactée, les plus charmantes graces féminines, elle faisait donc ressortir ignoblement un visage bourgeonné, brun-rouge, échauffé comme celui d'un conducteur de diligence, et dont les rides prématurées exprimaient par les grimaces de leurs plis profonds et plaqués une vie libertine dont les malheurs étaient encore attestés par le mauvais état des dents et les points noirs semés dans une peau rugueuse. Claparon avait l'air d'un comédien de province qui sait tous les rôles, fait la parade, sur la joue duquel le rouge ne tient plus, éreinté par ses fatigues, les lèvres pâteuses, la langue toujours alerte, même pendant l'ivresse, le regard sans pudeur, enfin compromettant par ses gestes. Cette figure, allumée par la joyeuse flamberie du punch, démentait la gravité des affaires. Aussi fallut-il à Claparon de longues études mimiques avant de parvenir à se composer un maintien en harmonie avec son importance postiche. Du Tillet avait assisté à la toilette de Claparon, comme un directeur de spectacle inquiet du début de son principal acteur, car il tremblait que les habitudes grossières de cette vie insoucieuse ne vinssent à éclater à la surface du banquier.

— Parle le moins possible, lui avait-il dit. Jamais un banquier ne bavarde : il agit, pense, médite, écoute et pèse. Ainsi, pour avoir bien l'air d'un banquier, ne dis rien, ou dis des choses insignifiantes. Éteins ton œil égrillard et rends-le grave, au risque de le rendre bête. En politique, sois pour le gouvernement, et jette-toi dans les généralités, comme : *Le budget est lourd. Il n'y a pas de transactions possibles entre partis. Les libéraux sont dangereux. Les Bourbons doivent éviter tout conflit. Le libéralisme est le manteau d'intérêts coalisés. Les Bourbons nous ménagent une ère de prospérité, soutenons-les, si nous ne les aimons pas. La France a fait assez d'expériences politiques, etc.* Ne te vautre pas sur toutes les tables, songe que tu as à conserver la dignité d'un millionnaire. Ne renifle pas ton tabac comme fait un invalide, joue avec ta tabatière, regarde souvent à tes pieds ou au plafond avant de répondre, enfin donne-toi l'air profond. Surtout défais-toi de ta malheureuse habitude de toucher à tout. Dans le monde, un banquier doit paraître las de toucher. Ah ça! tu passes les nuits, les chiffres te rendent brute, il faut rassembler tant d'élémens pour lancer une affaire! tant d'études. Surtout dis beaucoup de mal des affaires. Les affaires sont lourdes, pesantes, difficiles, épineuses. Ne sors pas de là et ne spécifie rien. Ne vas pas à table chanter tes farces de Béranger, et ne bois pas trop! Si tu te grises, tu perds ton avenir. Roguin te surveillera, tu vas te trouver avec des gens moraux, des bourgeois vertueux, ne les effraie pas en lâchant quelques uns de tes principes d'estaminet.

Cette mercuriale avait produit sur l'esprit de Charles Claparon un effet pareil à celui que produisaient sur sa personne ses habits neufs. Ce joyeux sans-souci, l'ami de tout le monde, habitué à des vêtemens débraillés, commodes, et dans lesquels son corps n'était pas plus gêné que son esprit dans son langage, maintenu dans des habits neufs que le tailleur avait fait attendre et qu'il essayait, raide comme un piquet, inquiet de ses mouvemens comme de ses phrases, retirant sa main imprudemment avancée sur un flacon ou sur une boîte, de même qu'il s'arrêtait au milieu d'une phrase, se signala donc par un désaccord risible à l'observation de Pillerault. Sa figure rouge, sa perruque à tire-bouchons égrillards démentaient sa tenue, comme ses pensées combattaient ses dires. Mais les bons bourgeois finirent par prendre ces continuelles dissonnances pour de la préoccupation.

— Il a tant d'affaires! disait Roguin.

— Les affaires lui donnent peu d'éducation, dit madame Ragon à Césarine.

M. Roguin entendit le mot et se mit un doigt sur les lèvres.

— Il est riche, habile et d'une excessive probité, dit-il en se baissant vers madame Ragon.

— On peut lui passer quelque chose en faveur de ces qualités-là, dit Pillerault à Ragon.

— Lisons les actes avant le dîner, dit Roguin, nous sommes seuls.

Madame Ragon, Césarine et Constance laissèrent les contractants, Pillerault, Ragon, César, Roguin et Claparon, écouter la lecture que fit Alexandre Crottat. César signa, au profit d'un client de Roguin, une obligation de quarante mille francs, hypothéqués sur les terrains et les fabriques situés dans le faubourg du Temple; il remit à Roguin le bon de Pillerault sur la banque, donna sans reçu les vingt mille francs d'effets de son portefeuille et les cent quarante mille francs de billets à l'ordre de Claparon.

— Je n'ai point de reçu à vous donner, dit Claparon, vous agissez de votre côté chez monsieur Roguin comme nous du nôtre. Nos vendeurs recevront chez lui leur prix en argent, je ne m'engage pas à autre chose qu'à vous faire trouver le complément de votre part avec vos cent quarante mille francs d'effets.

— C'est juste, dit Pillerault.

— Eh bien, messieurs, rappelons les dames,

car il fait froid sans elles, dit Claparon, en regardant Roguin comme pour savoir si la plaisanterie n'était pas trop forte.

— Mesdames! Oh! mademoiselle est sans doute votre demoiselle, dit Claparon en se tenant droit et regardant Birotteau, eh bien, vous n'êtes pas maladroit. Aucune des roses que vous avez distillées ne peut lui être comparée, et peut-être est-ce parce que vous avez distillé des roses que...

— Ma foi, dit Roguin, en interrompant, j'avoue ma faim.

— Et bien, dînons, dit Birotteau.

—Nous allons dîner pardevant notaire, dit Claparon en se rengorgeant.

— Vous faites beaucoup d'affaires, dit Pillerault en se mettant à table auprès de Claparon avec intention.

— Excessivement, par douzaine! répondit le banquier; mais elles sont lourdes, épineuses, il y a les canaux. Oh! les canaux! Vous ne vous figurez pas combien les canaux nous occupent! Et cela se comprend. Le gouvernement veut des canaux. Le canal est un besoin qui se fait généralement sentir dans les départemens et qui concerne tous les commerces, vous savez! Les fleuves, a dit Pascal, sont des chemins qui marchent. Il faut donc des marchés. Les marchés dépendent de la terrasse, car il y a d'effroyables terrassemens, le terrassement regarde la classe pauvre, de là les emprunts qui en définitive sont rendus aux pauvres! Voltaire l'a dit: *Canaux, canards, canaille!* Mais le gouvernement a ses ingénieurs qui l'éclairent, il est difficile de le mettre dedans, à moins de s'entendre avec eux, car la Chambre!...Oh! monsieur, la Chambre nous donne un mal, elle ne veut pas comprendre la question politique cachée sous la question financière. Il y a mauvaise foi de part de d'autre. Croyez-vous une chose? Les Keller, eh bien! François Keller est un orateur, il attaque le gouvernement à propos de fonds, à propos de canaux. Rentré chez lui, mon gaillard nous trouve avec nos propositions, elles sont favorables, il faut s'arranger avec ce gouvernement *dito*, tout à l'heure insolemment attaqué.

L'intérêt de l'orateur et celui du banquier se choquent, nous sommes entre deux feux ! Vous comprenez maintenant comment les affaires deviennent épineuses, il faut satisfaire tant de monde : les commis, les chambres, les antichambres, les ministres...

—Les ministres ! dit Pillerault qui voulait absolument pénétrer ce co-associé.

—Oui, monsieur, les ministres.

—Eh bien ! les journaux ont donc raison, dit Pillerault.

—Voilà mon oncle dans la politique, dit Birotteau, monsieur Claparon lui fait bouillir du lait.

— Encore de satanés farceurs, dit Claparon que ces journaux. Monsieur, les journaux nous embrouillent tout, ils nous servent bien quelquefois, mais ils me font passer de cruelles nuits, j'aimerais mieux les passer autrement; enfin j'ai les yeux perdus à force de lire et de calculer.

— Revenons aux ministres, dit Pillerault espérant des révélations.

— Les ministres ont des exigences purement gouvernementales. Mais qu'est-ce que je mangelà, de l'ambroisie ? dit Claparon en s'interrompant. Voilà de ces sauces qu'on ne mange que dans les maisons bourgeoises, jamais les gargotiers....

A ce mot, les fleurs du bonnet de madame Ragon sautèrent comme des béliers, Claparon comprit que le mot était ignoble, et il voulut se rattraper.

— Dans la haute Banque, dit-il, on appelle *gargotiers* les chefs de cabarets élégans, Véry, les Frères Provençaux. Eh bien ! ni ces infâmes gargotiers, ni nos savans cuisiniers, ne nous donnent de sauces moelleuses ; les uns font de l'eau claire acidulée par le citron, les autres font de la chimie.

Le dîner se passa tout entier en attaques de Pillerault qui cherchait à sonder cet homme et qui ne rencontrait que le vide, il le regarda comme un homme dangereux.

— Tout va bien, dit Roguin à l'oreille de Charles Claparon.

— Ah ! je me déshabillerai sans doute ce soir ! répondit Claparon qui étouffait.

— Monsieur, lui dit Birotteau, si nous sommes obligés de faire de la salle à manger le salon, c'est que nous réunissons dans dix-huit jours quelques amis autant pour célébrer la délivrance du territoire....

—Bien, monsieur, moi je suis aussi l'homme du gouvernement. J'appartiens, par mes opinions, au *statu quo* du grand homme qui dirige les destinées de la maison d'Autriche, un fameux gaillard! Conserver pour acquérir et surtout acquérir pour conserver.... Voilà le fond de mes opinions qui ont l'honneur d'être celles du prince de Metternich.

—Que pour fêter ma promotion dans l'ordre de la Légion-d'Honneur, reprit César.

—Mais, oui, je sais. Qui donc m'a parlé de cela, les Keller ou Nucingen?

Roguin, surpris de tant d'aplomb, fit un geste admiratif.

—Eh non! c'est à la Chambre.

— A la Chambre, par M. de La Billardière, demanda César.

—Précisément.

—Il est charmant, dit César à son oncle.

—Il lâche des phrases, des phrases, dit Pillerault, des phrases où l'on se noie.

—Peut-être me suis-je rendu digne de cette faveur... reprit Birotteau.

—Par vos travaux en parfumerie, les Bourbons savent récompenser tous les mérites. Ah! sachons nous tenir à ces généreux princes légitimes, à qui nous allons devoir des prospérités inouies... Car, croyez-le bien, la Restauration sent qu'elle doit joûter avec l'empire, elle fera des conquêtes en pleine paix, vous verrez des conquêtes!...

—Monsieur nous fera sans doute l'honneur d'assister à notre bal, dit madame César.

—Pour passer une soirée avec vous, madame, je manquerais à gagner des millions.

— Il est décidément bien bavard, dit César à son oncle.

Tandis que la gloire de la parfumerie, à son déclin, allait jeter ses derniers feux, un astre se levait faiblement à l'horizon commercial : le petit Popinot posait à cette heure même les fondemens de sa fortune rue des Cinq-Diamans.

La rue des Cinq-Diamans, petite rue étroite où les voitures chargées passent à grand'peine, donne rue des Lombards d'un bout, et de l'autre rue Aubry-Boucher, en face la rue Quincampoix, rue illustre du vieux Paris où l'histoire de France en a tant illustré. Malgré ce désavantage, la réunion des marchands de drogueries à l'entour la rend précieuse, et sous ce rapport Popinot n'avait pas mal choisi; mais sa maison, la seconde du côté de la rue des Lombards, était si sombre, que par certaines journées, il y fallait de la lumière en plein jour. Il avait pris possession la veille au soir des lieux les plus noirs et les plus dégoûtans, car son prédécesseur, marchand de mélasse et de sucre brut, avait laissé les stigmates de son commerce sur les murs, dans la cour et dans les magasins.

Figurez-vous une grande et spacieuse boutique à grosses portes ferrées, peintes en vert dragon, à longues bandes de fer apparentes, ornées de clous dont les têtes ressemblaient à des champignons, garnie de grilles treillissées en fil de fer, renflées par en bas comme celles des anciens boulangers, enfin dallée en grandes pierres blanches, la plupart cassées, les murs jaunes et nus comme ceux d'un corps-de-garde. Après venaient une arrière-boutique et une cuisine, éclairées sur la cour, enfin un second magasin en retour qui jadis devait avoir été une écurie. On montait, par un escalier intérieur pratiqué dans l'arrière-boutique, à deux chambres éclairées sur la rue, où Popinot comptait mettre sa caisse, son cabinet et ses livres. Au dessus des magasins, étaient trois chambres étroites adossées au mur mitoyen, ayant vue sur la cour et où il se proposait de demeurer ; trois chambres délabrées qui n'avaient d'autre aspect que celui de la cour irrégulière, sombre, entourée de murailles où l'humidité, par le temps le plus sec, leur donnait l'air d'être fraîchement badigeonnées ; une cour entre les pavés de laquelle il se trouvait une crasse noire et puante laissée par le séjour des mélasses et des sucres bruts. Une seule de ces chambres avait une cheminée, toutes étaient sans papier et carrelées en carreaux.

Depuis le matin Gaudissart et Popinot, aidés

par un ouvrier colleur que le commis-voyageur avait été chercher, tendaient eux-mêmes un papier à quinze sous dans cette horrible chambre, peinte à la colle par l'ouvrier. Un lit de collégien à couchette de bois rouge, une mauvaise table de nuit, une commode antique, une table, deux fauteuils et six chaises donnés par le juge Popinot à son neveu, composaient l'ameublement. Gaudissart avait mis sur la cheminée un trumeau garni d'une méchante glace, acheté de hasard. Vers huit heures du soir, assis devant la cheminée où brillait une falourde allumée, les deux amis allaient entamer le reste de leur déjeuner.

— Arrière le gigot froid! ceci ne convient pas à une pendaison de crémaillère, cria Gaudissart.

— Mais, dit Popinot en faisant sonner dans son gousset les vingt francs qu'il gardait pour payer le prospectus, je...

— Je... dit Gaudissart en mettant une pièce de quarante francs sur son œil.

Un coup de marteau retentit alors dans la cour naturellement solitaire et sonore le dimanche, jour où les industriels se dissipent et abandonnent leurs laboratoires.

— Voilà le fidèle de la rue de la Poterie. Moi, reprit l'illustre Gaudissart, *j'ai!* et non pas *je!*

En effet, un garçon suivi de deux marmitons apporta dans trois mannes un dîner orné de six bouteilles de vin choisies avec discernement.

— Mais comment ferons-nous pour manger tant de choses? dit Popinot.

— Et l'homme de lettres! s'écria Gaudissart. Finot connaît les *pompes* et les vanités! Il va venir, enfant naïf! muni d'un prospectus ébouriffant. Le mot est joli? hein! Les prospectus ont toujours soif; il faut arroser les graines si l'on veut des fleurs! Allez, esclaves, dit-il aux marmitons en se drapant, voilà de l'or!

Il leur donna dix sous par un geste digne de Napoléon, son idole.

— Merci, monsieur Gaudissart, répondirent les marmitons plus heureux de la plaisanterie que de l'argent.

— Toi, mon fils, dit-il au garçon qui restait pour

servir, il est une portière, elle gît dans les profondeurs d'un antre où parfois elle cuisine, comme jadis Nausicaa faisait la lessive, par pur délassement. Rends-toi près d'elle, implore sa candeur, intéresse-la, jeune homme, à la chaleur de ces plats. Dis-lui qu'elle sera bénie, et surtout respectée, très respectée par Félix Gaudissart, fils de Jean-François Gaudissart, petit-fils des Gaudissart, vils prolétaires fort anciens, ses aïeux. Marche et fais que tout soit bon, sinon, je te flanque en Ut majeur dans ton saint luc!

Un autre coup de marteau retentit.

— Voilà le spirituel Andoche, dit Gaudissart.

Un gros garçon assez joufflu, de taille moyenne et qui, des pieds à la tête, ressemblait au fils d'un chapelier, à traits ronds où la finesse était ensevelie sous un air gourmé, se montra soudain. Sa figure, attristée comme celle d'un homme ennuyé de misère, prit une expression d'hilarité quand il vit la table mise et les bouteilles. Au cri de Gaudissart, son pâle œil bleu pétilla, sa grosse tête creusée par sa figure calmouque alla de droite à gauche, et il salua Popinot d'une manière étrange, sans servilité, ni respect, comme un homme qui ne se sent pas à sa place et ne fait aucune concession. Il commençait alors à reconnaître en lui-même qu'il ne possédait aucun talent littéraire, il pensait à rester dans la littérature en exploitateur, à y monter sur l'épaule des gens spirituels, à y faire des affaires au lieu d'y faire des œuvres mal payées. Il avait, en ce moment, épuisé l'humilité des démarches et l'humiliation des tentatives, il allait comme les gens de haute portée financière, se retourner et devenir impertinent par parti pris. Mais il lui fallait une première mise de fonds, Gaudissart la lui avait montrée à toucher dans la mise en scène de l'huile Popinot.

— Vous traiterez pour son compte avec les journaux, mais ne le rouez pas, autrement nous aurions un duel à mort, donnez-lui en pour son argent!

Popinot regarda *l'auteur* d'un air inquiet car les gens vraiment commerciaux considèrent un auteur avec un sentiment où il entre de la terreur, de la compassion et de la curiosité. Quoique Popinot eût été bien élevé, les habitudes de ses parens, leurs idées, les soins bêtifians d'une boutique et d'une caisse avaient modifié son intelligence en la pliant aux us et coutumes de sa profession, phénomène que l'on peut observer en remarquant les métamorphoses subies à dix ans de distance par cent camarades sortis à peu près semblables du collége ou de la pension. Andoche accepta ce saisissement comme une profonde admiration.

— Eh bien! avant le dîner, coulons à fond le prospectus, nous pourrons boire sans arrière-pensée, dit Gaudissart. Après le dîner, on lit mal, la langue aussi digère.

— Monsieur, dit Popinot, un prospectus est souvent tout une fortune.

— Et souvent, dit Andoche, la fortune n'est qu'un prospectus!

— Ah! très joli! dit Gaudissart. Ce farceur d'Andoche a de l'esprit comme les quarante.

— Comme cent, dit Popinot stupéfait de cette idée.

L'impatient Gaudissart prit le manuscrit et lut à haute voix et avec emphase :

HUILE CÉPHALIQUE !

— J'aimerais mieux *Huile Césarienne*, dit Popinot.

— Mon ami, dit Gaudissart, tu ne connais pas les gens de province. Il y a une opération chirurgicale qui porte ce nom-là, et ils sont si bêtes qu'ils croiraient ton huile propre à faciliter les accouchemens. De là pour les ramener aux cheveux, il y aurait trop de tirage.

— Sans vouloir défendre mon mot, dit l'auteur, je vous ferai observer que *Huile Céphalique* veut dire huile pour la tête et résume vos idées.

— Voyons ! dit Popinot impatient.

Voici le prospectus tel que le commerce le reçoit par milliers encore aujourd'hui. (*Autre pièce justificative.*)

MÉDAILLE D'OR A L'EXPOSITION DE 1819.

CÉPHALIQUE.

BREVET D'INVENTION ET DE PERFECTIONNEMENT.

Nul cosmétique ne peut faire croître les cheveux, de même que nulle préparation chimique ne les teint sans danger pour le siége de l'intelligence. La science a déclaré récemment que les cheveux étaient une substance morte, et que nul agent ne peut les empêcher de tomber ni de blanchir. Pour prévenir la Xérasie et la Calvitie, il suffit de préserver la bulbe d'où ils sortent, de toute influence extérieure atmosphérique, et de maintenir à la tête la chaleur qui lui est propre. L'HUILE CÉPHALIQUE, *basée sur ces principes établis par l'Académie des sciences, produit cet important résultat, auquel se tenaient les anciens, les Romains, les Grecs et les nations du Nord auxquelles la chevelure était précieuse. Des recherches savantes ont démontré que les nobles qui se distinguaient autrefois à la longueur de leurs cheveux, n'employaient pas d'autre moyen, seulement leur procédé, habilement retrouvé par A. Popinot, inventeur de l'*HUILE CÉPHALIQUE, *avait été perdu.*

Conserver au lieu de chercher à provoquer une stimulation impossible ou nuisible sur le derme qui contient les bulbes, telle est donc la destination de L'HUILE CÉPHALIQUE. *En effet, cette huile, qui s'oppose à l'exfoliation des pellicules, qui exhale une odeur suave, et qui par les substances dont elle* *est composée, dans lesquelles entre comme principal élément l'essence de noisette, empêche toute action de l'air extérieur sur les têtes, prévient ainsi les rhumes, le coriza, et toutes les affections douloureuses de l'encéphale en lui laissant sa température intérieure. De cette manière, les bulbes qui contiennent les liqueurs génératrices des cheveux, ne sont jamais saisies ni par le froid, ni par le chaud. La chevelure, ce produit magnifique, à laquelle hommes et femmes attachent tant de prix, conserve alors jusque dans l'âge avancé de la personne qui se sert de l'*HUILE CÉPHALIQUE*, ce brillant, cette finesse, ce lustre qui rendent si charmantes les têtes des enfans.*

LA MANIÈRE DE S'EN SERVIR *est jointe à chaque flacon et lui sert d'enveloppe.*

MANIÈRE DE SE SERVIR DE L'HUILE CÉPHALIQUE.

Il est tout-à-fait inutile d'oindre les cheveux, ce n'est pas seulement un préjugé ridicule, mais encore une habitude gênante, en ce sens que le cosmétique laisse partout sa trace. Il suffit tous les matins de tremper une petite éponge fine dans l'huile. de se faire écarter les cheveux avec le peigne, d'imbiber les cheveux à leur racine de raie en raie, de manière à ce que la peau reçoive une légère couche, après avoir préalablement nettoyé la tête avec la brosse et le peigne.

Cette huile se vend par flacon, portant la signature de l'inventeur pour empêcher toute contrefaçon, et du prix de TROIS FRANCS, *chez A. POPINOT, rue des Cinq-Diamans, quartier des Lombards, à Paris.*

ON EST PRIÉ D'ÉCRIRE FRANCO.

Nota. La maison A. Popinot tient également les huiles de la droguerie, comme nérolis, huile d'aspic, huile d'amande douce, huile de cacao, huile de café, de ricin et autres.

—Mon cher ami, dit l'illustre Gaudissart à Finot, c'est parfaitement écrit. Saquerlotte, comme vous abordez la haute science; nous ne tortillons pas, nous allons droit au fait. Ah! je vous fais mes sincères complimens, voilà de la littérature utile!

—Le beau prospectus! dit Popinot enthousiasmé.

—Un prospectus dont le premier mot tue Macassar, dit Gaudissart en se levant d'un air magistral pour prononcer les paroles suivantes qu'il scanda par des gestes parlementaires:

On—ne—fait pas—pousser les cheveux!

On—ne les—teint pas—sans danger!

Ah! ah! là est le succès. La science moderne est d'accord avec les habitudes des anciens. On peut s'entendre avec les vieux et avec les jeunes. Vous avez affaire à un vieillard. « Ah! ah! monsieur, les anciens, les Grecs, les Romains avaient raison et ne sont pas aussi bêtes qu'on veut le faire croire! » Vous traitez avec un jeune homme? « Mon cher garçon, encore une découverte due au progrès des lumières, nous progressons. Que ne doiten pas attendre de la vapeur, des télégraphes et autres! Cette huile est le résultat d'un rapport de M. Vauquelin! » Si nous imprimions un passage du mémoire de M. Vauquelin à l'Académie des sciences, confirmant nos assertions, hein! Fameux! Allons Finot, à table! Chiquons les légumes! Sablons le Champagne au succès de notre jeune ami!

—J'ai pensé, dit l'auteur modestement, que l'époque du prospectus léger et badin était passée; nous entrons dans la période de la science, il faut un air doctoral, un ton d'autorité pour s'imposer au public.

—Nous chaufferons cette huile-là, les pieds me démangent et la langue aussi. J'ai les commissions de tous ceux qui font dans les cheveux, aucun ne donne plus de trente pour cent, il faut lâcher quarante pour cent de remise, je réponds de cent mille bouteilles en six mois. J'attaquerai les pharmaciens, les épiciers, les coiffeurs! Et en leur donnant quarante pour cent, tous englauderont leur public.

Les trois jeunes gens mangeaient comme des

lions, buvaient comme des Suisses, et se grisaient du futur succès de l'*Huile céphalique*.

—Cette huile porte à la tête, dit Finot en souriant.

Gaudissart épuisa les différentes séries de calembourgs sur les mots huile, cheveux, tête, etc. Au milieu des rires homériques des trois amis, au dessert, malgré les toasts et les souhaits de bonheur réciproques, un coup de marteau retentit et fut entendu.

—C'est mon oncle! Il est capable de venir me voir, s'écria Popinot.

—Un oncle! dit Finot, et nous n'avons pas de verre.

—L'oncle de mon ami Popinot est un juge d'instruction, dit Gaudissart à Finot. Il ne s'agit pas de le mystifier, il m'a sauvé la vie. Ah! quand on s'est trouvé dans la passe où j'étais, en face de l'échafaud, où: « Kouick, et adieu les cheveux! » fit-il en imitant le fatal couteau par un geste, on se souvient du vertueux magistrat auquel on doit d'avoir conservé la rigole par où passe le vin de Champagne! On s'en souvient ivre-mort! Vous ne savez pas, Finot, si vous n'aurez pas besoin de monsieur Popinot. Saquerlotte! il faut des saluts et des six à la livre encore!

Le vertueux juge d'instruction demandait en effet son neveu à la portière; et en reconnaissant la voix, Anselme descendit un chandelier à la main pour éclairer.

—Je vous salue, messieurs, dit le magistrat.

L'illustre Gaudissart s'inclina profondément, Finot examina le juge d'un œil ivre, et le trouva passablement ganache.

—Il n'y a pas de luxe, dit gravement le juge en regardant la chambre; mais, mon enfant, pour être quelque chose de grand, il faut savoir commencer par n'être rien.

—Quel homme profond! dit Gaudissart à Finot.

—Une pensée d'article! dit le journaliste.

—Ah! vous voilà, monsieur, dit le juge en reconnaissant le commis-voyageur. Et que faites-vous ici?

— Monsieur, je veux contribuer de tous mes petits moyens à la fortune de votre cher neveu. Nous venons de méditer sur le prospectus de son huile, et vous voyez en monsieur l'auteur de ce prospectus qui nous paraît un des plus beaux morceaux de cette littérature de perruques.

Le juge regarda Finot.

—Monsieur, dit Gaudissart, est M. Andoche Finot, un des jeunes hommes les plus distingués de la littérature, qui fait dans les journaux du gouvernement la haute politique et les petits théâtres, un ministre en chemin d'être auteur.

Finot tirait Gaudissart par le pan de sa redingote.

—Bien, mes enfans, dit le juge à qui ces paroles expliquèrent l'aspect de la table où se voyaient les restes d'un régal bien excusable.

— Mon ami, dit le juge à Popinot, habille-toi, nous irons ce soir chez M. Birotteau. Je lui dois une visite. Vous signerez votre acte de société que j'ai soigneusement examiné. Comme vous aurez la fabrique de votre huile dans les terrains du Faubourg du Temple, je pense qu'il doit te faire bail de l'atelier; il peut avoir des représentans, les choses bien en règle évitent des discussions. Ces murs me paraissent humides, Anselme, élève des nattes de paille à l'endroit de ton lit.

—Permettez, monsieur le juge d'instruction, dit Gaudissart avec la patelinerie d'un courtisan, nous avons collé nous-mêmes les papiers aujourd'hui, et... ils... ne sont pas secs.

— De l'économie ! bien ! dit le juge.

— Ecoutez, dit Gaudissart à l'oreille de Finot, mon ami Popinot est un jeune homme vertueux, il va chez son oncle, allons achever la soirée chez ma tante.

Le journaliste montra la doublure de la poche de son gilet. Popinot vit le geste, il glissa vingt francs à l'auteur de son prospectus. Le juge avait un fiacre au bout de la rue, il emmena son neveu chez Birotteau.

Pillerault, monsieur et madame Ragon, Roguin faisaient un boston, et Césarine brodait un fichu, quand le juge Popinot et Anselme se montrèrent.

Roguin, le vis-à-vis de madame Ragon, auprès de laquelle se tenait Césarine, remarqua le plaisir de la jeune fille quand elle vit entrer Anselme; et par un signe, il la montra rouge comme une grenade à son premier clerc.

—Ce sera donc la journée aux actes? dit le parfumeur quand, après les salutations, le juge lui eut dit le motif de sa visite.

César, Anselme et le juge allèrent au second dans la chambre provisoire du parfumeur discuter le bail et l'acte de société dressé par le magistrat. Le bail fut consenti pour dix-huit années afin de le faire concorder à celui de la rue des Cinq-Diamans, circonstance minime en apparence, mais qui permit plus tard à Popinot d'atteindre du Tillet. Quand César et le juge revinrent à l'entresol, le magistrat, étonné du bouleversement général et de la présence des ouvriers un dimanche chez un homme aussi religieux, en demanda la cause. Le parfumeur l'attendait là.

—Quoique vous ne soyez pas mondain, monsieur, vous ne trouverez pas mauvais que nous célébrions la délivrance du territoire. Ce n'est pas tout, si je réunis quelques amis, c'est aussi pour fêter ma promotion dans l'ordre de la Légion-d'Honneur.....

— Ah ! fit le juge qui n'était pas décoré.

— Peut-être me suis-je rendu digne de cette insigne et royale faveur en siégeant au tribunal.... Oh ! consulaire !..... Et en combattant pour les Bourbons sur les marches...

— Oui, dit le juge.

— De Saint-Roch, au treize vendémiaire, où je fus blessé par Napoléon.

—Volontiers, dit le juge. Si ma femme n'est pas souffrante, je l'amènerai.

— Xandrot, dit Roguin sur le pas de la porte à son clerc, ne pense en aucune manière à épouser Césarine, et dans six semaines tu verras que je t'ai donné un bon conseil.

— Pourquoi ? dit Crottat.

— Birotteau, mon cher, va dépenser cent mille francs pour son bal, il engage sa fortune dans cette affaire des terrains malgré mes conseils. Dans six semaines ces gens-là n'auront pas de pain. Épouse mademoiselle Lourdois, la fille du peintre en bâtimens, elle a trois cent mille francs de dot, je t'ai ménagé ce pis-aller! Si tu me comptes seulement cent mille francs en achetant ma charge, tu peux l'avoir demain.

CHAPITRE VII.

LE BAL.

Les magnificences du bal que préparait le parfumeur, annoncées par les journaux à l'Europe, étaient bien autrement annoncées dans le commerce par les rumeurs auxquelles donnaient lieu les travaux de jour et de nuit. Ici l'on disait que César avait loué trois maisons, là il faisait dorer ses salons, plus loin le repas devait offrir des plats inventés pour la circonstance; par là, les négocians, disait-on, n'y seraient pas invités, la fête était donnée pour les gens du gouvernement; par ici, le parfumeur était sévèrement blâmé de son ambition et l'on se moquait de ses prétentions politiques, on niait sa blessure! Le bal engendrait plus d'une intrigue dans le deuxième arrondissement, les amis étaient tranquilles, mais les exigences des simples connaissances étaient énormes. Toute faveur amène des courtisans. Il y eut bon nombre de gens à qui leur invitation coûta plus d'une démarche. Les Birotteau furent effrayés par le nombre des amis qu'ils ne se connaissaient point. Cet empressement effrayait madame Birotteau; son air devenait chaque jour de plus en plus sombre à l'approche de cette solennité. D'abord, elle avouait à César qu'elle ne saurait jamais quelle contenance tenir, elle s'épouvantait des innombrables détails d'une pareille fête: où trouver l'argenterie, la verrerie, les rafraîchissemens, la vaisselle, le service! Et qui donc surveillerait tout? Elle priait Birotteau de se mettre à la porte des appartemens et de ne laisser entrer que les invités, elle avait entendu raconter d'étranges choses sur les gens qui venaient à des bals bourgeois en se réclamant d'amis qu'ils ne pouvaient nommer. Quand, dix jours auparavant, Braschon, Rohault, Lourdois et Chaffaroux le menuisier en bâtiment eurent affirmé que l'appartement serait prêt pour le fameux dimanche du dix-sept décembre, il y eut une conférence risible le soir, après dîner, dans le modeste petit salon de l'entresol, entre César, sa femme et sa fille, pour composer la liste des invités et faire les invitations, que le matin un imprimeur avait envoyées imprimées en belle anglaise, sur papier rose et suivant la formule du code de la civilité puérile et honnête.

—Ah ça, n'oublions personne! dit Birotteau.

—Si nous oublions quelqu'un, dit Constance, il ne s'oubliera pas. Madame Derville, qui ne nous avait jamais fait de visite, est débarquée hier soir en quatre bateaux.

—Elle était bien jolie, dit Césarine, elle m'a plu!

— Cependant avant son mariage elle était encore moins que moi, dit Constance, elle travaillait en linge rue Montmartre, elle a fait des chemises à ton père.

— Eh bien! commençons la liste, dit Birotteau, par les gens les plus huppés. Ecris, Césarine : Monsieur le duc et madame la duchesse de Lenoncourt...

— Mon Dieu! César, dit Constance, n'envoie donc pas une seule invitation aux personnes que tu ne connais qu'en qualité de fournisseur. Iras-tu inviter la princesse de Blamont-Chauvry, encore plus parente à feue ta marraine, la marquise d'Uxelles, que le duc de Lenoncourt? Inviterais-tu les deux messieurs de Vandenesse, monsieur de Marsay, monsieur de Ronquerolles, monsieur d'Aiglemont, enfin tes pratiques? Tu es fou, les grandeurs te tournent la tête.

— Oui, mais monsieur le comte de Fontaine et sa famille. Hein! celui-là venait sous son nom de Grand Jacques, avec Le Gars, qui était monsieur le marquis de Montauran, et monsieur de La Billardière, qui s'appelait LE NANTAIS, à la Reine des Roses, avant la grande affaire du treize vendémiaire. C'était alors des poignées de main! Mon cher Birotteau, du courage! faites-vous tuer comme nous pour la bonne cause! Nous sommes d'anciens camarades de conspirations.

— Mets-le, dit Constance, car si monsieur de La Billardière et son fils viennent, il faut qu'ils trouvent à qui parler.

— Écris, Césarine? dit Birotteau.

Primo, monsieur le préfet de la Seine: il viendra ou ne viendra pas, mais il commande le corps municipal, *à tout seigneur, tout honneur!*

Monsieur de La Billardière et son fils, Maire. Mets le chiffre des invités au bout.

Mon collègue monsieur Granet l'adjoint, et sa femme; elle est bien laide, mais c'est égal, on ne peut pas s'en dispenser!

Monsieur Curel de l'Abranchet, le colonel de la garde nationale, sa femme et ses deux filles. Voilà ce que je nomme les autorités. Viennent les gros bonnets!

Monsieur le comte et madame la comtesse de Fontaine, et leur fille mademoiselle Émilie de Fontaine.

— Une impertinente qui me fait sortir de ma boutique pour lui parler à la portière de sa voiture, quel que soit le temps, dit madame César. Si elle vient, ce sera pour se moquer de nous.

— Alors elle viendra peut-être, dit César qui voulait absolument du monde. Continue.

Monsieur le comte et madame la comtesse de Granville, mon propriétaire, la plus fameuse caboche de la Cour royale, dit Derville.

— Ha ca! monsieur de La Billardière me fait recevoir chevalier demain par monsieur le comte de Lacépède lui-même. Il est convenable que je coule une invitation pour bal et dîner au Grand-Chancelier.

Monsieur Vauquelin. Mets bal et dîner, Césarine. Et pour ne pas les oublier, tous les Chiffreville et les Protez.

Monsieur et madame Popinot, juge au Tribunal de la Seine.

Monsieur et madame Thirion, huissier du cabinet du roi, les amis des Ragon.

— César, n'oublie pas le petit Horace Bianchon, le neveu de M. Popinot et cousin d'Anselme.

— Ah, bouiche, Césarine a bien mis un quatre au bout des Popinot.

M. et madame Rabourdin, le chef de bureau de M. de La Billardière.

M. Cochin, du même ministère, sa femme et leur fils, les commanditaires des Matifat, et monsieur, madame et mademoiselle Matifat, puisque nous y sommes.

— Les Matifat, dit Césarine, ont fait des démarches pour monsieur et madame Colleville, monsieur et madame Thuillier, leurs amis, et les Saillard.

— Nous verrons, dit César.

Notre agent de change, monsieur et madame Jules Desmarets.

—Ce sera la plus belle du bal, celle-là? dit Césarine, elle me plaît, oh! mais, plus que toute autre.

—Derville et sa femme.

—Mets donc monsieur et madame Coquelin, les successeurs de mon oncle Pillerault, dit Constance. Ils comptent si bien en être que cette pauvre petite femme fait faire par ma couturière une superbe robe de bal : par-dessous de satin blanc, robe de tulle brodée en fleurs de chicorée. Encore un peu, elle aurait pris une robe lamée comme pour aller à la cour. Si nous manquions à cela, nous aurions en eux des ennemis acharnés.

—Mets, Césarine, nous devons honorer le commerce, nous en sommes.

Monsieur et madame Roguin.

—Maman, madame Roguin mettra sa rivière, tous ses diamans et sa robe de Malines.

—Monsieur et madame Lebas, dit César.

Puis monsieur le président du tribunal de commerce, sa femme et ses deux filles, je les oubliais dans les autorités.

Monsieur et madame Lourdois et leur fille.

M. Claparon, banquier, M. du Tillet, M. Rohault, M. Molineux, Pillerault et son propriétaire, monsieur et madame Grasset, les riches marchands de soie. Tiens! et les Guillaume, rue du Colombier, le beau-père de Lebas, deux vieilles gens qui feront tapisserie. Alexandre Crottat, Célestin....

— Papa, n'oubliez pas M. Andoche Finot et M. Gaudissart, deux jeunes gens qui sont très utiles à M. Anselme.

— Gaudissart? il a été *pris de justice*. Mais c'est égal; il part dans quelques jours et va voyager pour notre huile, mets! Quant au sieur Andoche Finot, que nous est-il?

— Monsieur Anselme dit qu'il deviendra un personnage, il a de l'esprit comme Voltaire.

— Un auteur! tous athées!

— Mettez-le, papa, il n'y a pas déjà tant de danseurs. D'ailleurs le beau prospectus de votre huile est de lui.

— Il croit à notre huile! dit César, mets-le, chère enfant.

— Je mets aussi mes protégés, dit Césarine.

— Mets M. Mitral, mon huissier, M. Haudry,

notre médecin, pour la forme, il ne viendra pas.

— Il viendra faire sa partie, dit Césarine.

— Ha ça, j'espère, César, que tu inviteras au dîner M. l'abbé Loraux?

— Je lui ai déjà écrit, dit César.

— Oh! n'oublions pas la belle-sœur de Lebas, madame Augustine de Sommervieux, dit Césarine. Pauvre petite femme! elle est bien souffrante, elle se meurt de chagrin, nous a dit Lebas.

— Voilà ce que c'est que d'épouser des artistes! s'écria le parfumeur. Regarde donc ta mère qui s'endort, dit-il tout bas à sa fille. Là, là, bien le bonsoir, madame César.

— Hé bien! dit César à Césarine, et la robe de ta mère?

— Oui, papa, tout sera prêt. Maman croit n'avoir qu'une robe de crêpe de Chine, comme la mienne! la couturière est sûre de ne pas avoir besoin de l'essayer.

— Combien de personnes? dit César à haute voix en voyant sa femme rouvrir ses paupières.

— Cent neuf avec les commis, dit Césarine.

—Où mettrons-nous tout ce monde-là ? dit madame Birotteau. Mais enfin, après ce dimanche-là, reprit-elle naïvement, il y aura un lundi.

Rien ne peut se faire simplement chez les gens qui montent d'un étage social à l'autre. Ni madame Birotteau, ni César, ni personne ne pouvait s'introduire sous aucun prétexte au premier étage. César avait promis à Raguet, son garçon de magasin, un habillement neuf pour le jour du bal, s'il faisait bonne garde et s'il exécutait bien sa consigne. Birotteau, comme l'empereur Napoléon à Compiègne lors de la restauration du château pour son mariage avec Marie-Louise d'Autriche, voulait ne rien voir partiellement, il voulait jouir *de la surprise*. Ces deux anciens adversaires se rencontrèrent encore une fois, à leur insu, non sur un champ de bataille, mais sur le terrain de la vanité bourgeoise.

M. Rohaut devait donc prendre César par la main, et lui montrer l'appartement, comme un cicerone montre une galerie à un curieux. Chacun dans la maison avait d'ailleurs inventé *sa surprise*. Césarine, la chère enfant, avait employé tout son petit trésor, cent louis, à acheter des livres à son père. M. Rohault lui avait un matin confié qu'il y aurait deux corps de bibliothèque dans la chambre de son père, laquelle formait cabinet, une surprise d'architecte. Césarine avait jeté toutes ses économies de jeune fille dans le comptoir d'un libraire, pour offrir à son père : Bossuet, Racine, Voltaire, Jean-Jacques Rousseau, Montesquieu, Molière, Buffon, Fénélon, Delille, Bernardin de Saint-Pierre, La Fontaine, Corneille, Pascal, La Harpe, enfin cette bibliothèque vulgaire qui se trouve partout et que son père ne lirait jamais. Il devait y avoir un terrible mémoire de reliure : l'inexact et célèbre artiste Thouvenin avait promis de livrer les volumes le seize à midi. Césarine avait confié son embarras à son oncle Pillerault, et l'oncle s'était chargé du mémoire. La surprise de César à sa femme était une robe de velours cerise garnie de dentelles, dont il venait de parler à sa fille, sa complice. La surprise de madame Birotteau pour le nouveau chevalier censitaire, une paire de boucles d'or et un solitaire en épingle. Enfin il y avait pour toute la famille la surprise de l'appartement, laquelle devait être suivie dans la quinzaine de la grande surprise des mémoires à payer.

César pesa mûrement quelles invitations devaient être faites en personne et quelles portées par Raguet, le soir. Il prit un fiacre, y mit sa femme enlaidie d'un chapeau à plumes et du dernier châle donné, le cachemire qu'elle avait désiré pendant quinze ans. Les parfumeurs en grande tenue s'acquittèrent de vingt-deux visites dans une matinée.

César avait fait grace à sa femme des difficultés que présentait au logis la confection bourgeoise des différens comestibles exigés par la splendeur de la fête. Un traité diplomatique avait eu lieu entre l'illustre Chevet et Birotteau. Chevet fournissait une superbe argenterie, qui rapporte autant qu'une terre par sa location ; il fournissait le dîner, les vins, les gens de service commandés par un maître-d'hôtel d'aspect convenable, tous responsables de leurs faits et gestes. Chevet demandait la cuisine et la salle à manger de l'entresol pour y établir son quartier-général, il devait ne pas désemparer pour servir un dîner de vingt personnes à six heures, et à une heure du matin un magnifique ambigu. Birotteau s'était entendu avec le café de Foy pour les glaces frappées en fruit, servies sur de jolies tasses, cuillers en vermeil, plateaux d'argent. Tanrade, autre illustration, fournissait les rafraîchissemens.

— Sois tranquille, dit César à sa femme en la voyant un peu trop inquiète l'avant-veille, Chevet, Tanrade et le café de Foy occuperont l'entresol. Virginie gardera le second, la boutique sera bien fermée. Nous n'aurons plus qu'à nous carrer au premier.

Le seize, à deux heures, M. de La Billardière vint prendre César pour le mener à la Chancellerie de la Légion-d'Honneur où il devait être reçu chevalier par monsieur le comte de Lacépède avec une dizaine d'autres chevaliers. Le maire trouva le parfumeur les larmes aux yeux : sa femme venait de lui faire la surprise des boucles d'or et du solitaire.

— Il est bien doux d'être aimé ainsi, dit-il en montant en fiacre, en présence de ses commis attroupés, de Césarine et de Constance qui regardaient César en culotte de soie noire, en bas de soie et le nouvel habit bleu barbeau sur lequel allait briller le ruban qui, selon Molineux, voulait du sang.

Quand César rentra pour dîner, il était pâle de joie, il regardait sa croix dans toutes les glaces, car dans sa première ivresse il ne se contenta pas du ruban, il fut glorieux sans fausse modestie.

— Ma femme, dit-il, Monsieur le grand-chancelier est un homme charmant ; il a, sur un mot de La Billardière, accepté mon invitation. Il vient avec monsieur Vauquelin. M. de Lacépède est un grand homme, oui, autant que monsieur Vauquelin, il a fait quarante volumes! Mais aussi c'est un auteur pair de France. N'oublions pas de lui dire : Votre seigneurie ou Monsieur le comte!

— Mais mange donc, lui dit sa femme ; il est pire qu'un enfant ton père, dit Constance à Césarine.

— Comme cela fait bien à ta boutonnière, dit

Césarine. On te portera donc les armes et nous sortirons ensemble ?

— On me portera les armes, partout où il y aura des factionnaires !

En ce moment, Rohault descendit avec Braschon. Après dîner, Monsieur, Madame et Mademoiselle pouvaient jouir du coup d'œil des appartemens, le premier garçon de Braschon achevait d'y clouer quelques patères, et trois hommes allumaient les bougies.

— Il faut cent vingt bougies, dit Braschon.

— Un mémoire de deux cents francs chez Trudon ! dit madame César dont les plaintes furent arrêtées par un regard du chevalier Birotteau.

— Votre fête sera magnifique ! dit Braschon.

César ne comprit pas ce que voulait dire le riche tapissier de la rue Saint-Antoine. Braschon fit onze tentatives inutiles pour être invité, lui, sa femme, sa fille, sa belle-mère et sa tante. Braschon devint l'ennemi de Birotteau. Sur le pas de la porte, il l'appela monsieur le chevalier.

Birotteau se dit en lui-même : — Déjà les

flatteurs! L'abbé Loraux m'a bien engagé à ne pas donner dans leurs piéges et à rester modeste. Je me souviendrai de mon origine.

La répétition générale commença. César, sa femme et Césarine sortirent de la boutique et entrèrent chez eux par la rue. La porte de la maison avait été refaite dans un grand style, à deux ventaux, divisés en panneaux égaux et carrés, au milieu desquels se trouvait un ornement architectural de fonte coulée et peinte. Cette porte, devenue commune à Paris, était alors dans toute sa nouveauté. Au fond du vestibule, se voyait l'escalier divisé en deux rampes droites entre lesquelles se trouvait ce socle dont s'inquiétait Birotteau, et qui formait une espèce de boîte où pouvait loger une vieille femme. Ce vestibule dallé en marbre blanc et noir, peint en marbre, était éclairé par une lampe antique à quatre becs. L'architecte avait uni la richesse à la simplicité. Un étroit tapis rouge relevait la blancheur des marches de l'escalier en liais poli à la pierre ponce. Un premier palier donnait une entrée à l'entresol. La porte des appartemens était dans le genre de celle sur la rue, mais en menuiserie.

— Quelle grace ! dit Césarine. Et cependant, il n'y a rien qui saisisse l'œil.

— Précisément, mademoiselle, la grace vient des proportions exactes entre les stylobates, les plinthes, les corniches et les ornemens, puis je n'ai rien doré, les couleurs sont sobres et n'offrent point de tons éclatans.

— C'est une science, dit Césarine.

Tous entrèrent alors dans une antichambre de bon goût, parquetée, spacieuse, simplement décorée. Puis venait un salon à trois croisées sur la rue, blanc et rouge, à corniches élégamment profilées, à peintures fines, où rien ne papillottait. Sur une cheminée en marbre blanc à colonnes était une garniture choisie avec goût, elle n'offrait rien de ridicule, et concordait aux autres détails. Là régnait enfin cette suave harmonie que les artistes seuls savent établir en poursuivant un système de décoration jusque dans les plus petits accessoires, et que les bourgeois ignorent, mais qui les surprennent. Un lustre à vingt-quatre bougies faisait resplendir les draperies de soie rouge, le parquet avait un air agaçant qui provoqua Césarine à danser. Un boudoir vert et blanc donnait passage dans le cabinet de César.

— J'ai mis là un lit, dit Rohault en dépliant les portes d'une alcove habilement cachée entre les deux bibliothèques. Vous ou madame vous pouvez être malade, et alors chacun a sa chambre.

— Mais cette bibliothèque garnie de livres reliés!... Oh! ma femme! ma femme! dit César.

— Non, ceci est la surprise de Césarine.

Le parfumeur embrassa sa fille.

— Pardonnez, monsieur, dit-il à l'architecte, à l'émotion d'un père!

— Mais faites, faites donc, monsieur, dit Rohault. Vous êtes chez vous.

Dans ce cabinet dominaient les couleurs brunes, relevées par des agrémens verts, car les plus habiles transitions de l'harmonie liaient toutes les pièces de l'appartement l'une à l'autre. Ainsi la couleur qui faisait le fond d'une pièce servait à l'agrément de l'autre, *et vice versa.* La gravure d'Héro et Léandre brillait sur un panneau dans le cabinet de César.

— Toi, tu paieras tout cela, dit gaîment Birotteau.

— Cette belle estampe vous est donnée par monsieur Anselme, dit Césarine.

Anselme aussi s'était permis une surprise.

— Pauvre enfant, il a fait comme moi pour monsieur Vauquelin.

La chambre de madame Birotteau venait ensuite. L'architecte y avait déployé des magnificences de nature à plaire aux braves gens qu'il voulait empaumer, car il avait tenu parole en étudiant cette *restauration*. La chambre était tendue en soie bleue, avec des ornemens blancs, le meuble était en casimir blanc avec des agrémens bleus. Sur la cheminée en marbre blanc, la pendule représentait la Vénus accroupie sur un beau bloc de marbre, un joli tapis en moquette et d'un dessin turc unissait cette pièce à la chambre de Césarine tendue en perse et fort coquette : un piano, une jolie armoire à glace, un petit lit chaste à rideaux simples et tous les petits meubles qu'aiment les jeunes personnes.

La salle à manger était derrière la chambre de Birotteau et celle de sa femme, on y entrait par l'escalier, elle avait été traitée dans le genre dit Louis XIV, avec la pendule de Boulle, les buffets de cuivre et d'écaille, les murs tendus en étoffe à clous dorés.

La joie de ces trois personnes ne saurait se décrire, surtout quand en revenant dans sa chambre, madame Birotteau trouva sur son lit sa robe de velours cerise garnie en dentelles que lui offrait son mari, et que Virginie y avait apportée en venant sur la pointe des pieds.

— Monsieur, cet appartement vous fera beaucoup d'honneur, dit Constance à M. Rohault. Nous aurons cent et quelques personnes demain soir, et vous recueillerez les éloges de tout le monde.

—Je vous recommanderai, dit César. Vous verrez *la tête* du commerce, et vous serez connu dans une seule soirée plus que si vous aviez bâti cent maisons.

Constance émue ne pensait plus à la dépense ni à critiquer son mari. Voici pourquoi.

Le matin en apportant Héro et Léandre, Anselme Popinot, à qui Constance accordait une haute intelligence et de grands moyens, lui avait affirmé le succès de l'Huile Céphalique, auquel il travaillait avec un acharnement sans exemple : il avait promis que, malgré la rondeur du chiffre auquel s'élèveraient les folies de Birotteau, dans six mois ces dépenses seraient couvertes par sa part dans les bénéfices donnés par l'huile. Après avoir tremblé pendant dix-neuf ans, il était si doux de se livrer un seul jour à la joie, que Constance promit à sa fille de n'empoisonner le bonheur de son mari par aucune réflexion, et de s'y laisser aller tout entière.

Quand vers onze heures M. Rohault les quitta, elle se jetta donc au cou de son mari et versa quelques pleurs de contentement en disant : — César ! Ah ! tu me rends bien folle et bien heureuse.

— Pourvu que cela dure, n'est-ce pas? dit en souriant César.

— Cela durera, je n'ai plus de craintes, dit madame Birotteau.

— A la bonne heure, dit le parfumeur, tu m'apprécies enfin.

Les gens assez grands pour reconnaître leurs faiblesses avoueront qu'une pauvre orpheline qui dix-huit ans auparavant était première demoiselle au Petit-Matelot, île Saint-Louis, qu'un pauvre paysan venu de Touraine à Paris avec un bâton à la main, à pied, en souliers ferrés, devaient être flattés, heureux de donner une pareille fête pour d'aussi louables motifs.

— Mon Dieu, je perdrais bien cent francs, dit César, pour qu'il nous vînt une visite.

— Voilà M. l'abbé Loraux! dit Virginie.

L'abbé Loraux se montra. Ce prêtre était alors vicaire de Saint-Sulpice. Jamais la puissance de l'ame ne se révéla mieux qu'en ce saint prêtre dont le commerce laissa de profondes empreintes dans la mémoire de tous ceux qui le connurent.

Son visage rechigné, laid jusqu'à repousser la confiance, avait été rendu sublime par l'exercice des vertus catholiques : il y brillait par avance une splendeur céleste. Une candeur infusée dans le sang reliait ses traits disgracieux, et le feu de la charité purifiait les lignes incorrectes par un phénomène contraire à celui qui, chez Claparon, avait tout animalisé, dégradé. Dans ses rides se jouaient les graces des trois belles vertus humaines, l'Espérance, la Foi, la Charité. Sa parole était douce, lente et pénétrante. Son costume était celui des prêtres de Paris, il se permettait la redingote d'un brun-marron. Aucune ambition ne s'était glissée en ce cœur pur, que les anges durent apporter à Dieu dans sa primitive innocence. Il fallut la douce violence de la fille de Louis XVI pour faire accepter une cure de Paris, encore une des plus modestes ! à l'abbé Loraux. Il regarda d'un œil inquiet toutes ces magnificences, sourit à ces trois commerçans enchantés, et hocha sa tête blanchie.

— Mes enfans, leur dit-il, mon rôle n'est pas d'assister à des fêtes, mais de consoler les affligés.

Je viens remercier monsieur César, vous féliciter. Je ne veux venir ici que pour une seule fête, pour le mariage de cette belle enfant.

Après un quart d'heure, l'abbé se retira, sans que le parfumeur, ni sa femme, osassent lui montrer les appartemens. Cette apparition grave jeta quelques gouttes froides dans la joie bouillante de César. Chacun se coucha dans son luxe, en prenant possession des bons jolis petits meubles qu'il avait souhaités. Césarine déshabilla sa mère devant une toilette à glace en marbre blanc. César s'était donné quelques superfluités dont il voulut user aussitôt. Tous s'endormirent, en se représentant par avance les joies du lendemain.

Après avoir été à la messe et lu ses vêpres, Césarine et sa mère s'habillèrent sur les quatre heures, après avoir livré l'entresol au bras séculier des gens de Chevet. Jamais toilette n'alla mieux à madame César que cette robe de velours cerise, garnie en dentelles à manches courtes, ornées de jockeis : ses beaux bras encore frais et jeunes, sa poitrine étincelante de blancheur, son col, ses épaules d'un si joli dessin, étaient rehaussés par cette riche étoffe et par cette magnifique couleur. Le naïf contentement que toute femme éprouve à se voir dans toute sa beauté donna je ne sais quelle suavité au profil grec de la parfumeuse, dont la beauté parut dans toute sa finesse de camée.

Césarine, habillée en crêpe blanc, avait une couronne de roses blanches sur la tête, une rose à son côté, une écharpe lui couvrait chastement les épaules et le corsage, elle rendit Popinot fou.

— Ces gens-là nous écrasent, dit madame Roguin à son mari en parcourant l'appartement.

Elle était furieuse de ne pas être aussi belle que madame César, car toute femme sait toujours en elle-même à quoi s'en tenir sur la supériorité ou l'infériorité d'une rivale.

— Bah! ça ne durera pas long-temps, et bientôt tu éclabousseras la pauvre femme en la rencontrant à pied dans les rues, ruinée! dit Roguin bas à sa femme.

Vauquelin fut d'une grace parfaite, il vint avec

M. de Lacépède, son collègue de l'Institut qui l'avait été prendre en voiture. En voyant la resplendissante parfumeuse, les deux savans tombèrent dans le compliment scientifique.

—Vous avez, madame, un secret que la science ignore, pour rester ainsi jeune et belle, dit le chimiste.

—Vous êtes ici un peu chez vous, monsieur l'académicien, dit Birotteau. Oui, monsieur le comte, reprit-il en se tournant vers le grand chancelier de de la Légion-d'Honneur, je dois ma fortune à M. Vauquelin. J'ai l'honneur de présenter à Votre Seigneurie, monsieur le président du tribunal de commerce. C'est M. le comte de Lacépède, pair de France, un des grands hommes de la France, il a écrit quarante volumes, dit-il à Joseph Lebas qui accompagnait le président du tribunal.

Les convives furent exacts. Le dîner fut ce que sont les dîners de commerçans, extrêmement gai, plein de bonhomie, historié par de grosses plaisanteries qui font toujours rire. L'excellence des mets, la bonté des vins furent bien appréciées. Quand la société rentra dans les salons pour prendre le café, il était neuf heures et demie. Quelques fiacres avaient amené d'impatientes danseuses. Une heure après, le salon fut plein, et le bal prit un air de raout.

M. de Lacépède et M. Vauquelin s'en allèrent au grand désespoir de Birotteau, qui les suivit jusque sur l'escalier en les suppliant de rester, mais en vain. Il réussit à maintenir M. Popinot, le juge, et M. de La Billardière. A l'exception de trois femmes qui représentaient l'Aristocratie, la Finance et l'Administration : mademoiselle de Fontaine, madame Jules, madame Rabourdin, et dont l'éclatante beauté, la mise et les manières tranchaient au milieu de cette réunion ; les autres femmes offraient à l'œil des toilettes lourdes, solides, ce je ne sais quoi de cossu qui donne aux masses bourgeoises un aspect commun, que la légèreté, la grace de ces trois femmes faisaient cruellement ressortir. La bourgeoisie de la rue Saint-Denis s'étalait majestueusement en se montrant dans toute la plénitude de ses droits de spirituelle sottise.

C'était bien cette bourgeoisie qui habille ses enfans en lancier ou en garde national, qui achète Victoires et Conquêtes, le Soldat laboureur, admire le Convoi du pauvre, se réjouit le jour de garde, va le dimanche dans une maison de campagne à soi, s'inquiète d'avoir l'air distingué, rêve aux honneurs municipaux; cette bourgeoisie jalouse de tout, et néanmoins bonne, serviable, dévouée, sensible, compatissante, souscrivant pour les enfans du général Foy, pour les Grecs dont elle ignore les pirateries, pour le Champ-d'Asile au moment où il n'existe plus, dupe de ses vertus et bafouée pour ses défauts par une société qui ne la vaut pas, car elle a du cœur précisément parce qu'elle ignore les convenances; cette vertueuse bourgeoisie qui élève des filles candides rompues au travail, pleines de qualités que le contact des classes supérieures diminue aussitôt qu'elle les y lance, ces filles sans esprit parmi lesquelles le bonhomme Chrysale aurait pris sa femme; enfin une bourgeoisie admirablement représentée par les Matifat, les droguistes de la rue des Lombards, dont la maison fournissait la Reine des Roses depuis soixante ans.

Madame Matifat, qui avait voulu se donner un air digne, dansait coiffée d'un turban et vêtue d'une lourde robe ponceau lamée d'or, toilette en en harmonie avec un air fier, un nez romain et les splendeurs d'un teint cramoisi. M. Matifat, si superbe à une revue de garde nationale, où l'on apercevait à cinquante pas son ventre rondelet sur lequel brillaient sa chaîne et son paquet de breloques, était dominé par cette Catherine II de comptoir. Gros et court, harnaché de besicles, maintenant le col de sa chemise à la hauteur du cervelet, il se faisait remarquer par sa voix de basse-taille et par la richesse de son vocabulaire. Jamais il ne disait Corneille, mais le sublime Corneille! Racine était le doux Racine. Voltaire! Oh! Voltaire, le second dans tous les genres, plus d'esprit que de génie, mais néanmoins homme de génie! Rousseau, esprit ombrageux, homme doué d'orgueil et qui a fini par se pendre. Il contait lourdement les anecdotes vulgaires sur Piron, qui passe pour un homme prodigieux dans la bourgeoisie. Matifat, passionné pour les acteurs, avait une légère tendance à l'obscénité. Parfois madame Matifat, en le voyant prêt à conter, lui disait : « Mon gros fais attention à ce que tu vas nous dire. » Elle le nommait familièrement son gros. Cette volumineuse reine des drogues fit perdre à mademoiselle de Fontaine sa contenance aristocratique, l'orgueilleuse fille ne put s'empêcher de sourire en lui entendant dire à Matifat : — Ne te jette pas sur les glaces, mon gros ! c'est mauvais genre.

Il est plus facile d'expliquer la différence qui distingue le grand monde de la bourgeoisie, qu'il ne l'est à la bourgeoisie de l'effacer. Ces femmes, gênées dans leurs toilettes, se savaient endimanchées et laissaient voir naïvement une joie qui prouvait que le bal était une rareté dans leur vie occupée ; tandis que les trois femmes qui exprimaient chacune une sphère du monde, étaient alors comme elles devaient être le lendemain, elles n'avaient pas l'air de s'être habillées exprès, elles ne se contemplaient pas dans les merveilles inaccoutumées de leurs parures, ne s'inquiétaient pas de leur effet, tout avait été accompli quand devant leur glace, elles avaient mis la dernière main à l'œuvre de leur toilette de bal; leurs figures ne révélaient rien d'excessif, elles dansaient avec la grace et le laisser-aller que des génies inconnus ont donnés à quelques statues antiques. Les autres, au contraire, marquées au sceau du travail, gardaient leurs poses vulgaires et s'amusaient trop, leurs regards étaient inconsidérément curieux, leurs voix ne conservaient point ce léger murmure qui donne aux conversations du bal un piquant inimitable; elles n'avaient pas surtout le sérieux impertinent qui contient l'épigramme en germe, cette tranquille attitude à laquelle se reconnaissent les gens habitués à conserver un grand empire sur eux-mêmes. Aussi madame Rabourdin, madame Jules et mademoiselle de Fontaine, qui s'était promis une joie infinie de ce bal de parfumeur, se dessinaient-elles sur toute la bourgeoisie par leurs graces molles, par le goût exquis de leurs toilettes et par leur jeu, comme trois premiers sujets de l'Opéra se détachent sur la lourde cavalerie des comparses. Elles étaient observées d'un œil hébété, jaloux. Madame Roguin, Constance et Césarine formaient comme un lien qui rattachait les figures commerciales à ces trois types du grand monde. Comme dans tous les bals, il vint un moment d'animation où les torrens de lumière, la joie, la musique et l'entrain de la danse, causèrent une ivresse qui fit disparaître ces nuances dans le *crescendo* du *tutti*. Le bal allait devenir bruyant, mademoiselle de Fontaine voulut se retirer, mais quand elle chercha le bras du vénérable Vendéen, Birotteau, sa femme et sa fille accoururent pour empêcher la désertion de toute l'aristocratie de leur assemblée.

— Il y a dans cet appartement un parfum de bon goût qui vraiment m'étonne ! dit l'impertinente fille au parfumeur, et je vous en fais mon compliment.

Birotteau était si bien enivré par les félicitations

publiques, qu'il ne comprit pas ; mais sa femme rougit et ne sût que répondre.

— Voilà une fête nationale qui vous honore, lui disait le libéral M. Grasset, le marchand de soieries de la rue des Bourdonnais.

— J'ai vu rarement un aussi beau bal, disait M. de La Billardière à qui un mensonge officieux ne coûtait rien.

Birotteau prenait tous les complimens au sérieux.

— Quel ravissant coup d'œil ! et le bon orchestre ! Nous donnerez-vous souvent des bals ? lui disait madame Lebas.

— Quel charmant appartement ! c'est de votre goût ? lui disait madame Desmarets.

Birotteau osa mentir en lui laissant croire qu'il en était l'ordonnateur.

Césarine, qui devait être invitée pour toutes les contredanses, connut combien il y avait de délicatesse chez Anselme.

— Si je n'écoutais que mon désir, lui dit-il à l'oreille en sortant de table, je vous prierais de me faire la faveur d'une contredanse ; mais mon bonheur coûterait trop cher à notre mutuel amour-propre.

Césarine, qui trouvait que les hommes marchaient sans grace quand ils étaient droits sur leurs jambes, voulut ouvrir le bal avec Popinot. Popinot, enhardi par sa tante qui lui avait dit d'oser, osa parler de son amour à cette charmante fille pendant la contredanse ; mais en se servant des détours que prennent les amans timides.

— Ma fortune dépend de vous, mademoiselle.

— Et comment ?

— Il n'y a qu'un espoir qui puisse me la faire faire.

— Espérez ?

— Savez-vous bien tout ce que vous venez de dire en un seul mot ? reprit Popinot.

— Espérez la fortune, dit Césarine avec un sourire malicieux.

— Gaudissart ! Gaudissart ! dit après la contredanse Anselme à son ami en lui pressant le bras avec une force herculéenne, réussis ou je me brûle la cervelle. Réussir, c'est épouser Césarine, elle me l'a dit, et vois comme elle est belle!

—Oui, elle est joliment ficelée! dit Gaudissart, et riche! Nous allons la frire dans l'huile.

La bonne intelligence de mademoiselle Lourdois et d'Alexandre Crottat, successeur désigné de Roguin, fut remarquée par madame Birotteau, qui ne renonça pas sans de vives peines à faire de sa fille la femme d'un notaire de Paris. L'oncle Pillerault, qui avait échangé un salut avec le petit Molineux, alla s'établir dans un fauteuil auprès de la bibliothèque, il regarda les joueurs, écouta les conversations et vint de temps en temps voir à la porte les corbeilles de fleurs agitées que formaient les têtes des danseuses au moulinet. Sa contenance était celle d'un vrai philosophe.

Les hommes étaient affreux à l'exception de du Tillet qui avait déjà les manières du monde, du jeune La Billardière, petit fashionable en herbe, de M. Jules Desmarets et des personnages officiels. Mais parmi toutes les figures plus ou moins comiques auxquelles cette assemblée devait son caractère, il s'en trouvait une particulièrement effacée comme une pièce de cent sous républicaine mais que le vêtement rendait curieuse. On a deviné le tyranneau de la Cour Batave, paré de linge fin jauni dans l'armoire, exhibant aux regards un jabot à dentelle de succession attaché par un camée bleuâtre en épingle, portant une culotte courte en soie noire qui trahissait les fuseaux sur lesquels il avait la hardiesse de se reposer. César lui montra triomphalement les quatre pièces créées par l'architecte au premier de sa maison.

— Hé, hé, c'est affaire à vous, monsieur, lui dit Molineux. Mon premier ainsi garni vaudra plus de mille écus!

Birotteau répondit par une plaisanterie, mais il fut atteint comme d'un coup d'épingle par l'accent avec lequel le petit vieillard avait prononcé cette phrase.

— Je rentrerai bientôt dans mon premier, cet homme se ruine! tel était le sens du mot *vaudra* que lança Molineux comme un coup de griffe.

La figure pâlotte, l'œil assassin du propriétaire

frappèrent du Tillet, dont l'attention avait été d'abord excitée par une chaîne de montre qui soutenait une livre de diverses breloques sonnantes et par un habit vert mélangé de blanc, à collet bizarrement retroussé, qui donnaient au vieillard l'air d'un serpent à sonnettes. Le banquier vint donc interroger ce petit usurier pour savoir par quel hasard il se gaudissait.

— Là, monsieur, dit Molineux en mettant un pied dans le boudoir, je suis dans la propriété de M. le comte de Granville; mais ici, dit-il en montrant l'autre, je suis dans la mienne, car, je suis le propriétaire de cette maison.

Molineux se prêtait si complaisamment à qui l'écoutait que, charmé de l'air attentif de du Tillet, il se dessina, raconta ses habitudes, les insolences du sieur Gendrin, et ses arrangemens avec le parfumeur, sans lesquels le bal n'aurait pas eu lieu.

— Ah! monsieur César vous a réglé ses loyers, dit du Tillet, rien n'est plus contraire à ses habitudes.

— Oh, je l'ai demandé, je suis si bon pour mes locataires.

— Si le père Birotteau fait faillite, se dit du Tillet, ce petit drôle sera certes un excellent syndic ! Sa pointillerie est précieuse, il doit comme Domitien s'amuser à tuer des mouches quand il est seul chez lui.

Du Tillet alla se mettre au jeu, où Claparon était déjà par son ordre, car il avait pensé que, sous le garde-vue d'un flambeau de bouillote, son semblant de banquier échapperait à tout examen. Leur contenance en face l'un de l'autre fut si bien celle de deux étrangers que l'homme le plus soupçonneux n'aurait pu rien découvrir qui décélât leur intelligence. Gaudissart, qui savait la fortune de Claparon, n'osa point l'aborder en recevant du riche commis-voyageur le regard solennellement froid d'un parvenu qui ne veut pas être salué par un camarade.

Ce bal, comme une fusée brillante, s'éteignit à cinq heures du matin. Vers cette heure, des cent et quelques fiacres qui remplissaient la rue

Saint-Honoré, il en restait environ quarante. A cette heure on dansait la boulangère et les cotillons, qui plus tard furent détrônés par le galop anglais. Du Tillet, Roguin, le comte de Grandville, Jules Desmarets, jouaient à la bouillotte. Du Tillet gagnait trois mille francs. Les lueurs du jour arrivèrent, firent pâlir les bougies, et les joueurs assistèrent à la dernière contredanse. Dans ces maisons bourgeoises, cette joie suprême ne s'accomplit pas sans quelques énormités. Les personnages imposans sont partis, l'ivresse du mouvement, la chaleur communicative de l'air, les esprits cachés dans les boissons les plus innocentes ont amolli les callosités des vieilles femmes qui, par complaisance, entrent dans les quadrilles et se prêtent à la folie d'un moment, les hommes sont échauffés, les cheveux défrisés s'alongent sur les visages et leur donnent de grotesques expressions qui provoquent le rire, les jeunes femmes deviennent légères, quelques fleurs sont tombées de leurs coiffures. Le Momus bourgeois apparaît suivi de ses farces! Les rires éclatent, chacun se livre à la plaisanterie en pensant que le lendemain le travail reprendra ses droits. Matifat dansait avec un chapeau de femme sur la tête, Célestin se livrait à des charges. Quelques dames frappaient dans leurs mains avec exagération quand l'ordonnait la figure de cette interminable contredanse.

— Comme ils s'amusent, disait l'heureux Birotteau.

— Pourvu qu'ils ne cassent rien, dit Constance à son oncle.

— Vous avez donné le plus magnifique bal que j'aie vu, et j'en ai vu beaucoup, dit du Tillet à son ancien patron en le saluant.

Dans l'œuvre des huit symphonies de Beethoven, il est une fantaisie, grande comme un poème, qui domine le finale de la symphonie en Ut mineur. Quand après les lentes préparations du sublime magicien si bien compris par Habeneck, un geste du chef d'orchestre enthousiaste lève la riche toile de cette décoration, en excitant de son archet l'éblouissant motif vers lequel toutes les puissances musicales ont convergé, les poètes dont le cœur palpite alors comprendront que le bal de Birotteau produisait dans sa vie l'effet que produit sur leurs ames ce fécond motif, auquel la symphonie en UT doit peut-être sa suprématie sur ses brillantes sœurs. Une fée radieuse s'élance en levant sa baguette! On entend le bruissement des rideaux de soie pourpre que des anges relèvent! Des portes d'or sculptées comme celles du Baptistère florentin tournent sur leurs gonds de diamant! L'œil s'abîme en des vues splendides, il embrasse une enfilade de palais merveilleux d'où glissent des êtres d'une nature supérieure! L'encens des prospérités fume! l'autel du bonheur s'allume! un air parfumé circule! Des êtres au sourire divin, vêtus de tuniques blanches bordées de bleu, passent légèrement sous vos yeux en vous montrant des figures surhumaines de beauté, des formes d'une délicatesse infinie. Les amours voltigent en répandant les flammes de leurs torches! Vous vous sentez aimé, vous êtes heureux d'un bonheur que vous aspirez sans le comprendre en vous baignant dans les flots de cette harmonie qui ruisselle et verse en l'ame de chacun l'ambroisie qu'il s'est choisie. Vous êtes atteint au cœur dans vos secrètes espérances qui se réalisent pour un moment ! Après vous avoir promené dans les cieux, l'enchanteur, par la profonde et mystérieuse transition des basses, vous replonge dans le marais des réalités froides, pour vous en sortir quand il vous a donné soif de ses divines mélodies, et que votre ame crie : Encore !

L'histoire psychique du point le plus brillant de ce beau finale est celle des émotions prodiguées par cette fête à Constance et à César. Collinet avait composé de son galoubet le finale de leur symphonie commerciale.

Fatigués mais heureux, les trois Birotteau s'endormirent au matin dans les bruissemens de cette fête, qui en constructions, réparations, ameublemens, consommations, toilettes et bibliothèque remboursée à Césarine, allait, sans que César s'en doutât, à soixante mille francs. Voilà ce que coûtait le fatal ruban rouge mis par le roi à la boutonnière d'un parfumeur.

S'il arrivait un malheur à César Birotteau, cette dépense folle suffisait pour le rendre justiciable de la police correctionnelle. Un négociant est dans le cas de la banqueroute simple, s'il fait des dépenses jugées excessives. Il est peut-être plus horrible d'aller à la sixième chambre pour de niaises bagatelles ou des maladresses, qu'en cour d'assises pour une immense fraude. Aux yeux de certaines gens, il vaut mieux être criminel que sot.

FIN DU PREMIER VOLUME.

ERRATA.

—

La rapidité avec laquelle cette œuvre a été imprimée a causé quelques fautes dont voici la rectification :

Page 20, ligne 1, au lieu de : *un bal*, lisez : *le bal*.

Page 112, ligne 17, au lieu de : *Quand à*, lisez : *Quant à* ; ligne 20, au lieu de : *quand*, lisez : *lorsque*.

Page 115, ligne 1, au lieu de : *existent partout, ce sont*, lisez : *existent partout dans*.

Page 130, ligne 1, au lieu de : 1815, lisez : 1813.

Page 141, au lieu de : *Or la haine de du Tillet contre César était un des sentimens*, lisez : *La vengeance vouée à César par du Tillet était donc un des mouvemens*.

Page 142, au lieu de : *plans de vengeance*, lisez : *plans*.

Page 144, au lieu de : *d'en être*, lisez : *d'y être*.

Page 145, ligne 1, au lieu de : *nous y causer*, lisez : *y causer*.

Page 146, ligne 11, après : *un jour*, mettez deux points.

ligne 15, après : *gendre*, mettez deux points et supprimez : *tu es le;* ligne 16, après : *instance*, supprimez également : *tu es le.*

Page 146, ligne 6, supprimez : *car*, et mettez deux points.

Page 153, ligne 10, au lieu de : *veut en faire*, mettez : *veut la voir.*

Page 158, ligne 13, au lieu de : *je ne sais pas*, mettez : *j'ignore.*

Page 161, ligne 7, après : *fortune*, mettez un point, supprimez *or* et mettez *Le* à la place de *le;* ligne 9, supprimez *le*.

Page 201, ligne 5, au lieu de : *pour du talent*, lisez : *pour la substantielle action du talent.*

Page 211, ligne 9, au lieu de : *Il avait enfin*, lisez : *Il caressait enfin.*

Page 212, ligne 11, au lieu de : *C'était*, lisez : *Vous eussiez dit;* ligne 16, au lieu de : *vert américain*, lisez : *vert olive.*

Page 213, ligne 13, après *par*, mettez *un.*

Page 215, ligne 3, au lieu de : *faite*, lisez : *conclue.*

Page 224, ligne 8, au lieu de : *elle est infinie*, mettez : *N'est-elle pas infinie? dit-il d'un air fin.*

Page 239, ligne 7, au lieu de : *moins*, lisez : *autant.*

Page 281, ligne 18, au lieu de : *douzaine*, lisez : *grosse*.

Page 282, ligne 16, au lieu de : *Croyez*, lisez : *Croiriez*.

Page 284, ligne 6, après *et*, supprimez *il*.

Page 286, lignes 4 et 5, au lieu de : *Sachons nous tenir*, lisez : *Tenons-nous-en*.

Page 289, ligne 2, au lieu de : *avait été chercher*, lisez : *avait déniché, séduit*.

Page 322, ligne 22, au lieu de : *censitaire*, lisez : *consistait en*.

Page 326, ligne 1, supprimez *donc* et mettez une virgule en place de *et*.

TABLE DES MATIÈRES

CONTENUES DANS LE PREMIER VOLUME.

www.ingramcontent.com/pod-product-compliance
Lightning Source LLC
LaVergne TN
LVHW010536100826
845148LV00001B/208
9782012174801